Passengers

Eine phantastische Novelle

Jens Karsten Reimann

Über den Autor

Jens Reimann, geb. 1962, lebt seit vielen Jahren an der ostholsteinischen Ostseeküste, wenige hundert Meter vom Meer entfernt. Er schreibt Erzählungen und Romane, die geografisch gesehen häufig in seiner Heimat angesiedelt sind. Seine Geschichten handeln von Menschen, die aus ihrem bisherigen Leben herausfallen. Die Protagonisten werden mit wechselnden Realitäten konfrontiert. Die Lektüre seiner Bücher gleicht einem Spaziergang durch ein Haus mit verschiedenen Räumen und wechselnden Gefahren. Die Grenzen zwischen Realität und Fiktion verwischen mit fortschreitender Handlung. 2009 erschien "Separator-Die Schattengrenze"(Erzählungen). Im Juni 2014 wurde der Roman "Moskenstraumen - Reise durch die Zeit" veröffentlicht. 2015 No man's land und 2016 Borderline Afterglow (Kurzgeschichten und Lyrik).

In seiner Jugend ist Reimann zur See gefahren. Die großen Antipoden seines Lebens sind die Einsamkeit (in den letzten Jahren Aufenthalte nördlich des Polarkreises) und die Geselligkeit im Kreis der Freunde. Bewegung ist ein wesentliches Element und ein wichtiger Ausgleich zum Schreiben. Er begeistert sich für das Laufen, Schwimmen und den Fußball.

ISBN-13: 978-3000584862
ISBN-10: 3000584862

Der Sinn des Reisens besteht darin,

die Vorstellungen mit der Wirklichkeit auszugleichen,

und anstatt zu denken,

wie die Dinge sein könnten,

sie so zu sehen, wie sie sind.

(Samuel Johnson)

Ceterum censeo Carthaginem

esse delendam.

(Marcus Porcius Cato Censorius)

Inhaltsverzeichnis

Der Zug

In goldenes Licht getaucht drängen die Reisenden durch die große Halle und die breiten Treppen hinunter. Nach einem dunklen kalten Winter sind die meisten das Eingesperrtsein leid. Sie haben zu lange im Halbschatten froststarrer Häuser gelebt. Jetzt stampfen sie so unruhig voran wie das Vieh beim Weideaustrieb. Vereinzelt löst sich ein Schnauben und Stöhnen aus den Kehlen, um vibrierend in die Höhe zu steigen und sich dort unter der gewaltigen Kuppel zu verlieren. Die Gesichter der Reisenden sind abwesend, in sich gekehrt. Blicke flackern so unstet wie das durch das Glasdach der Halle rieselnde, in zahllose feine Bündel aufgefächerte Sonnenlicht. Papierfetzen wehen über das glänzende Metall der Gleise, von einem taumelnden Wind in kreisende Bewegung versetzt. Aufgeweichte leere Pappbecher und Zeitungsreste rutschen über den kalten Beton der Bahnsteige. Otto Hansen, einsfünfundsiebzig, vierundsiebzig Kilogramm, grauäugig, scharfes Profil, treibt inmitten der großen Woge. Ein eloquenter Mann in seinen besten Jahren. Mit geschlossenen Augen lässt er sich von der fleischgewordenen Welle tragen, eingekeilt von hunderten, träge dünstenden Leibern.

Er fühlt sich unbehaglich in dieser drängenden und stoßenden Menge und stellt sich vor, diese würde ihn assimilieren. Aufsaugen. Schwindel erfasst ihn und er öffnet die Augen, um nicht zu stürzen und womöglich unter die Sohlen seiner dumpf voran drängenden Artgenossen zu geraten. Die dünstende Herde ergießt sich auf den Bahnsteig, teilt sich und drängt in die Züge, deren silbrig glänzende, stromlinienförmige Leiber leise zischend darauf warten, die Neuankömmlinge aufzunehmen. Otto besteigt den Großraumwagen mit der Nummer 666 und schleppt sich erschöpft den schmalen Gang entlang. Mit dem Ticket in der Hand vergleicht er die Nummerierung der Sitze, bis er den ihm zugewiesenen Platz Nr. 29 A gefunden und seine Tasche auf der Ablage verstaut hat. Ein Pfiff ertönt und ruckelnd setzt sich der siebenhundert Tonnen schwere, metallische Körper des Zuges in Bewegung. Aus dem anfänglichen Ziehen wird bald ein Gleiten. Der Bahnsteig, das kleine Haus am Ende der Rampe ziehen am Fenster vorbei. Mit der Ausfahrt aus der Halle öffnet sich der Raum. Der stählerne Koloss nimmt Fahrt auf. Die Welt fliegt am Zugfenster entlang. Alles ist in

Bewegung. Einzig im Wageninneren herrscht eine ruhige, künstlich-kühle Atmosphäre. Die Scheibe ist beschlagen. Otto fährt mit dem Ärmel drüber und wischt ein kleines Rechteck frei, welches einen ungetrübten Blick auf die Welt vor dem Fenster erlaubt. Wehmut überkommt ihn.

Was mache ich hier eigentlich, fragt er sich. Das Leben gleicht einem Traum. Vor einer Stunde habe ich neben Sabine auf dem Sofa gesessen, gesättigt von Erbseneintopf und Wiener Würstchen. Den Eintopf kriegt keiner so gut hin wie sie. Wir haben jeder ein Glas Bier getrunken und zum Nachtisch Pfannkuchen mit Apfelmus gegessen. Anschließend Pläne geschmiedet für den Sommer. Toskana, Da Vinci. Dort gefällt es uns beiden. Dann, auf einmal hat sich irgend etwas im Zimmer verdunkelt. War da ein Schatten? Irgendwie unheimlich. Haben wir uns gestritten? Kann mich gar nicht daran erinnern. Ein Katarakt aus sich verdichtender wortloser Finsternis ist auf uns gestürzt und hat den friedlichen Tag wie einen mürbe gewordenen Vorhang zerrissen. Was ist die Ursache gewesen? Ich weiß es tatsächlich nicht. Verspüre auch keinen Groll, wie dies bei einer Auseinandersetzung der Fall wäre. Fühle mich allerdings schwach, irgendwie ausgelöffelt. Wie eine leere Suppenterrine. Bin so ausgehöhlt und müde, als hätte ich mehrere Nächte nicht geschlafen.

Dumpf stiert er vor sich hin. Er wird erfasst von der stumpfen Trägheit des Reisens, die sich durch seine Erschöpfung noch verstärkt. Denken und Schauen. Kopfkino. Worte treiben durch den Kopf, knospen zu Sätzen, verzweigen sich zu emotionalen Inhalten. Die treibenden Äste erzeugen bunte Blüten. Draußen ein einsamer Baum auf einem weiten Feld. Die Sonne blitzt durch kahle Zweige.

Der Frühling steht bereit. Noch ist es kühl. Es ist schön, wenn der Wind die Blätter des letzten Herbsts von der Straße fegt. Ganz braun sind sie, die Blattspitzen nach innen gebogen, zusammen gekrümmt, als wollten sie sich verabschieden von dieser Welt, um sich in eine andere, unsichtbare, zurückzuziehen. Es ist die Zeit des Auf- und des Ausbruchs, der Metamorphosen. Die Welt steht in Veilchen, geht es ihm durch den Kopf. Strommasten, Straßenschilder, Buschreihen ziehen vorbei wie eine potemkinsche Kulisse.

Die Sonne lugt zwischen graublauen Wolken in das

Abteil hinein. Otto schaut aus dem Fenster. Die Unruhe ist verschwunden. Er fühlt sich schwer und rund. Einige Minuten lang badet er in einem Meer aus wunschloser Bedürfnislosigkeit.

Doch mit den Wolken zieht auch die Harmonie, die sich vorübergehend Geist und Seele bemächtigt hat, von dannen. Die Gedanken werden bleiern. Nicht lange und sein Hirn gleicht einem uralten grauen Felsblock. Eine Flut aus schwarz-weißen Bildern sprudelt durch seinen Kopf. Düstere Gedanken hallen wie Tropfen in einer alten, feuchten Grotte. Das Bild einer dunklen Pfütze, durch die der Wind fährt, drängt sich auf.

Es tropft aus mir heraus, denkt Otto. Mit jedem Gedanken werde ich weniger. Ich verliere meine Konsistenz, schwinde dahin, wie der morgendliche Nebel, der sich aus den vom Tau benetzten Wiesen erhebt, um kurz als fragile Dunstwolke über dem feuchten Grün zu stehen, bis er aufhört zu existieren. Er ist, wohin auch immer, verschwunden. Einfach fort. Nur, das ich mich im Gegensatz zum Nebel nicht über die Dinge erhebe, sondern einfach nur auf den eiskalten Boden der nackten Tatsachen tropfe. Irgendwann bin ich leer. Das einzige, das von mir bleibt, wird eine dunkle Pfütze sein. Wer wird mich noch erkennen?

Der gute alte Otto, ein schmutziges, kaltes Nass, von unzähligen Füßen betreten. Schuh um Schuh patscht durch mein kleines, bescheidenes Otto-Reich. Kleine Füße, große Quanten, Gummistiefel. Füße in festen Schuhen und auch in Sandalen. An einigen Sohlen kleben richtig unappetitliche Sachen. Hundekacke beispielsweise, das Zeug löst sich vom Schuh und vereint sich mit dem, was von mir geblieben ist. Schöne Bescherung!

Er ist wirklich der einzige Fahrgast in diesem Wagen. Seltener Glücksfall. Einsamkeit macht ihm nichts. Kontrollierte Einsamkeit macht mir nichts, korrigiert er sich. Sie ist dann kontrolliert, wenn sich das Individuum für eine gewisse Zeit freiwillig von der Gesellschaft abwendet, nicht umgekehrt. Das ist wichtig.

Die Räder des Wagens klacken leise über das Gleis, diesen eisernen, in die Zukunft führenden Strang. Braune Grashalme, in der Sonne des letzten Sommers verdorrt, wiegen sich im Wind. Der Regen nimmt zu, peitscht das Sicherheitsglas der Fenster.

Das Wasser, der Wind, was auch immer, erfindet neue Zeichen, die zitternd an seinem Auge vorbei flanieren und ihn an Runen erinnern. Worte, Satzfetzen ohne erkennbaren Zusammenhang, sich stetig verändernd, wachsend, in sich zusammenfallend. Sie entstehen und vergehen in wenigen Augenblicken. Die Lider werden ihm schwer. Otto sackt in den Sitz, dreht sich auf die Seite. Fast zeitgleich übermannt ihn der Schlaf.

Die Landschaft weitet sich, als Otto seine Augen öffnet und Grimassen schneidend das Gesicht massiert. Großzügige Weiden, darauf ausgewaschenes Grün. Wiesen, sanft geschwungene Hügel, die Sonne lugt zwischen schiefergrauen Wolken hindurch. Otto richtet sich mühsam auf. Wie spät ist es?

Die Armbanduhr ist stehen geblieben. Er schüttelt das Handgelenk, ein untauglicher Versuch, den raffinierten Mechanismus des von seinem Vater geerbten Chronometers in Gang zu bringen. Sein Blick streift durch den Großraumwagen. Gähnende Leere. Seltsam. Wie lange er wohl geschlafen hat. Otto erhebt sich, stelzt steifbeinig den Gang entlang. Das nächste Abteil ist auch unbesetzt. Im darauf folgenden das gleiche Bild. Er wandert von Abteil zu Abteil, von Wagen zu Wagen. Das Ergebnis bleibt dasselbe und Otto beginnt sich zu fragen, ob er vielleicht träumt, dass er durch die Waggons wandert, während er tatsächlich noch auf seinem Sitz liegt und schläft. Eine absurde Situation. Der Zug fährt durch die Landschaft. Silhouetten großer, dunkler Bäume ziehen vor den hermetisch verriegelten Fenstern entlang. Knorrige Riesen, Zeugen einer versunkenen Zeit. Otto drückt das Gesicht gegen die Scheibe. Die Klimaanlage haucht ihm unbarmherzig ihren kalten Atem entgegen. Er zieht fröstelnd die Schultern in die Höhe. Die gläserne Zwischentür öffnet sich mit einem leisem Zischen. Vor ihm liegt der Übergang zwischen den Waggons, zwei tanzende, sich fortlaufend verschiebende, quietschende Stahlplatten. Otto ist bemüht, den wippenden Stahl auf Distanz zu halten und ihn gleichzeitig so kurz wie möglich zu berühren. Das erweist sich als Fehler, er gerät ins Straucheln, kann den Sturz gerade noch verhindern, stolpert in den Speisewagen.

Ein einziger Mann sitzt mittig an einem der hellbraunen Kunststofftische. Otto schreckt aus seinem zwischen Traum und Wachen angesiedelten

Zustand und starrt erleichtert auf den Rücken des Mannes. Ein Reisender. Na also. Er ist doch nicht allein. Wär ja auch gelacht. Vorsichtig nähert sich Otto dem anderen. Dieser, schwarzhaarig, schmaler Kopf, eleganter, nachtblauer Anzug, starrt mit aufgestütztem Kinn aus dem Fenster. Im Augenblick des Vorbeigehens registriert Otto gleich einem zarten Hauch den Anflug eines nachsichtig wirkenden Lächelns auf dem Gesicht des Fremden. Otto räuspert sich verlegen. Der andere betrachtet unbeirrt die vorüber fliegende Landschaft.

Leicht enttäuscht beschließt Otto, seine Erkundung fortzusetzen und sich anschließend gleichfalls in den Speisewagen zu begeben. Ich werde mir einen Kaffee holen und mich an einen der Tische in der Nähe des Ausschank-Tresens setzen. Dann bin ich wenigstens nicht allein. Vielleicht kommt man ins Gespräch Wir sind die einzigen Menschen in diesem Speisewagen, vielleicht im ganzen Zug. Absurde Vorstellung. Ein Zug mit nur zwei Reisenden, wer hätte so etwas je gesehen.

Zu einer Fahrt mit der Bahn gehört einiges mehr an Leuten. Das fängt beim Personal an. Zum Beispiel mit dem, der diesen Koloss fährt, auf die Signale achtet, den Bedienelementen im Cockpit hoffentlich die nötige Aufmerksamkeit zukommen lässt. Dann haben wir den Zugbegleiter, das Servicepersonal des Speisewagens und nicht zu vergessen, die Reisenden. Das wichtigste überhaupt. Sonst wäre das ganze weniger als ein Nullsummenspiel für die Bahngesellschaft. Bei einer langen Reise wie dieser sind die Passagiere gar nicht weg zu denken. Mütter mit ihren Kindern, lachend, quengelnd, unruhig durch die Gänge laufend, aus dem Fenster starrend, Fragen über Fragen stellend. Alte Leute auf dem Weg zu den groß gewordenen Kindern, Pendler, nur wenige Stationen überbrückend, Geschäftsreisende mit Laptops. Aber was, wenn wir dennoch nur zu zweit sind?

Ein Gefühl der Unsicherheit überkommt ihn. Was, wenn alle bisherigen, auf Gewohnheit und Erfahrung beruhenden Annahmen plötzlich nicht mehr gelten. Otto wischt mit der Hand durch die Luft, als wolle er das Anhaften eines ganzen Schwarms hartnäckiger Zweifel verhindern, die sich ihm boshaft wie eine Armada ekelhafter Schmeißfliegen nähern, um sich auf ihn zu setzen, mit ihren Leckrüsseln zu betasten und womöglich ihre ominösen Eier in seine

Körperöffnungen platzieren.

Was für dumme Gedanken. Nichts als Unsinn. Wahrscheinlich sind die drei leeren Wagen, die er durchschritten hat, zufällig unbesetzt und nichts weiter. Das kommt vor, nicht häufig, aber es passiert. Der Zug wird irgendwann eine Station erreichen. Auf den Bahnsteigen wird es sprudeln vor Leben. Leute werden sich in die Wagen drängen und ihre Stimmen, gedämpft durch die großen Scheiben, als nervtötendes Summen seine Ohren erreichen. Dann wird er sich zurücksehnen nach der Ruhe, die er jetzt noch ungestört genießen kann. Aufgemuntert durch diese Schlußfolgerung beschließt er, sich doch schon jetzt gleich einen Kaffee zu genehmigen. Er geht zum Verkaufstresen. Niemand da. Otto räuspert sich. Ein heiseres Krächzen löst sich aus seiner trockenen Kehle. Er hüstelt in die Hand. „Hallo?" Keine Antwort. Er beugt sich über den Tresen. Ein schmaler Gang, zwei, drei Meter, an einer, mit einer kreisrunden Glasscheibe in Brusthöhe versehenen Schwingtür endend, dahinter die Bordküche. Otto kann Töpfe und Pfannen erkennen.

Sie sind mit metallenen Haken an einer Stange befestigt und schaukeln rhythmisch hin und her. In der kleinen Küche hält sich niemand auf, soviel kann Otto erkennen. Selbst ein Liliputaner könnte sich nicht unbemerkt in dem engen Raum bewegen. Auf dem Tresen die Zapfanlage. Bier, Limonade und Wasser. Auf der anderen Seite der Kaffeeautomat. Otto klopft mit den Fingerknöcheln auf den Tresen. „Hallo, ich möchte bestellen!"

Der Fremde am Fenster verändert seine Position. Er lehnt sich zurück und schließt die Augen. Offensichtlich möchte er schlafen. Das ist ärgerlich. Soeben hatte Otto beschlossen, den Mann anzusprechen.

Aber die Fahrt wird ja noch dauern, da wird sich schon eine Gelegenheit ergeben. Auf dem Tisch vor dem Fremden steht ein halb gefülltes Wasserglas. Demnach ist jemand hier gewesen und hat den Mann bedient. Er wird sich das Wasserglas wohl kaum selbst genommen haben. Unschlüssig steht Otto vor dem Tresen und studiert die Angebote. Die üblichen Verdächtigen reihen sich auf der mit Kreide beschriebenen Tafel aneinander. Pommes und Currywurst, Kalbsmedaillon, Ochsenschwanzsuppe.

Otto setzt sich auf einen Stuhl und behält den Tresen im Auge. Irgendwann wird ja wohl jemand kommen.

Reflexionen

Er erinnert sich an eine alte Geschichte. Vor etlichen Jahren, es mögen an die zwanzig sein, denkt er, habe ich diesem Burschen, der immer in der Fußgängerzone gebettelt hat, eine Currywurst mit Pommes spendiert.

Normalerweise wäre ich an ihm vorbei gegangen, so wie an anderen Bettlern auch. Doch an diesem Tag hat mich irgendetwas motiviert, stehen zu bleiben, einen zweiten Blick auf ihn zu werfen und ihm eine Mahlzeit zu spendieren. Keine große Sache. Mit extra viel Mayo hat er gesagt, glaube ich. Also habe ich ihm eine große Portion Mayonnaise gekauft. Ekelhaftes Zeug, aber ihm schien es geschmeckt zu haben. Wie er sich die Finger geleckt hat danach. Komisch, hab ewig nicht mehr dran gedacht. Muss ich glatt vergessen haben. Wie komme ich ausgerechnet jetzt darauf? Sehe ihn deutlich vor mir. Verfilzte graue Haare, um die fünfzig. Armer Hund. Vor der Brust ein Schild. Hilfe. Bitte. Habe Familie und Arbeit verloren. Das übliche. Merkwürdige Formulierung trotzdem. Hilfe. Bitte. Keine Ahnung, was ihm wirklich widerfahren ist. Hunger hatte er jedenfalls. Er wollte kein Bier, wovon ich fest ausgegangen war. Trinken sonst ja alle. Der aber nicht.

Ich bevorzuge ein Wasser, wenn es recht ist, hat er gesagt. Dass mir das einfällt. Braune Augen hat er gehabt, wirkte sanftmütig. Weiß nicht, was mich geritten hat, ihm eine Mahlzeit auszugeben. War einfach spontan. Ich konnte an diesem Tag nicht vorbei gehen. Warum auch immer.

Tja, wenn man in der Stimmung ist, macht man Sachen, die einem sonst nicht einfallen würden. Zum Schluss hat er sich mit einem völlig verdreckten Taschentuch den Mund und das von Bartstoppeln übersäte schrundige Kinn abgewischt und sich tief vor mir verbeugt. Ich dachte, jetzt geht es los. Zum Dank nimmt er dich jetzt vor allen Passanten auf die Schippe. Hab mich nervös umgesehen, hoffentlich kommt niemand vorbei, den ich kenne, wollte mich schnell abwenden von der Type, doch die Sorge war unbegründet. Er hat sich gleich wieder gerade gemacht, ist näher getreten, nicht zu nah, jedoch nah genug, dass ich das Düftchen genießen konnte, welches aus seinen Kleidern aufstieg und hat geflüstert: „Es ist notiert. Vergelt's Gott". Dann hat er kräftig aufgestoßen und ein säuerlicher Geruch, der sich nicht wesentlich von dem seiner Klamotten unterschied, zog mir entgegen.

Hat sich danach stracks auf seine Lumpen gesetzt. Und wenn er nicht gestorben ist, sitzt er da noch heute. Nee, so lange hält das kein Mensch aus auf der Straße. Kann ich mir nicht vorstellen.

Otto schüttelt den Kopf. Heute geht ihm eine Menge durch den Kopf. Gedanken und schwankende Stimmungen ziehen hindurch wie Tiefdruckgebiete. Mal sehen, was noch kommt. Er sieht zu dem Fremden am Fenster. Der ruht nach wie vor mit geschlossenen Augen auf seinem Platz. Da sich die Bedienung des Speisewagens nicht blicken lässt und Otto davor zurückscheut, sich selbst zu bedienen, setzt er einstweilen seine Wanderung durch den Zug fort.

Die Deckenleuchte flackert und erlischt. Er bleibt erschrocken stehen, seine Hände tasten an der glatten Wand nach Halt. Nach wenigen Sekunden erwacht das Licht zitternd zu neuem Leben. Otto stößt den angehaltenen Atem aus. Draußen zieht eine Hügelkette vorüber. Eine Erhebung reiht sich an die andere, die Kuppen sind gleichmäßig geformt und wecken Assoziationen an schlafende Riesen, welche ihre Hinterteile in die Luft recken. Fasziniert starrt er in die Landschaft. Leichter Schneefall setzt ein. Einzelne Flocken wirbeln durch die Luft, schweben gegen die Scheiben des Zuges, wo sie sich sammeln und in Wassertropfen verwandelt als unruhige Rinnsale über das Sicherheitsglas mäandern. Otto betrachtet sie nachdenklich. Das Spiel auf der Scheibe beginnt von neuem.

Er ist nach wie vor müde, die Glieder sind schwer. Traurigkeit überkommt ihn. Was ist nur los? Er hat das Gefühl, lediglich Statist in einem Film zu sein. Die Dinge geschehen, ohne das er sie beeinflussen kann. Und jetzt sitzt er in diesem Zug. Gibt es wirklich keine andere Möglichkeit, sein Ziel zu erreichen?

Vor einigen Jahren hielt er sich für zwei Wochen in New York City auf. Während dieser Zeit wohnte er im siebzehnten Stockwerk eines nach dem Gramercy Park benannten Hotels inmitten des unruhig schlagenden Herzens von Manhattan.
Es war Anfang Oktober, die Tage warm und die Nächte glichen dem Aufenthalt in einem illuminierten Dschungel, fernab jeder kultivierten Lebensform.

Ständig jaulten die Sirenen von Polizei und Feuerwehr

penetrant durch die Nacht, so dass er nie ausreichend Schlaf fand und in Folge der Übermüdung allmählich in einen tranceähnlichen Zustand fiel.

Erschöpft taumelte er nachts zum Fenster, um frische Luft in das aufgeheizte Zimmer zu lassen. Die uralte Klimaanlage über der Tür hatte vermutlich bereits zu Lebzeiten von Theodore Roosevelt ihren Geist aufgegeben und diente seitdem allerhöchstens Dekorationszwecken. Er schob das Fenster auf, lehnte sich, die Höhe vergessend, weit hinaus und erstarrte augenblicklich, denn er litt unter Höhenangst. Tief unter ihm fuhr eine Pullman-Limousine mit einem frisch verheirateten Paar vor, während Otto meinte, ein Gewicht um seinen Hals zu fühlen, welches ihn hinaus- und direkt auf das Dach der großen Limousine hinab zu ziehen drohte, siebzehn Stockwerke tief.
Doch das war noch nicht einmal das Schlimmste. Die Stimme war weit schrecklicher. *Tu es*, flüsterte diese Stimme tief in ihm. Und dann noch einmal.
Tu es. Du hast es gleich geschafft. Lehne dich noch ein kleines Stück weiter raus. Dann ist es vollbracht.

Voller Entsetzen kämpfte er einige Sekunden gegen das Gewicht, welches ihn nach unten ziehen wollte und gegen die Stimme. Für einen kurzen Moment schwebte er zwischen Leben und Tod. Dort oben, im siebzehnten Stockwerk des Gramercy Park Hotels mit dem Oberkörper außerhalb des Zimmers. Hin- und hergerissen, durch eine unheimliche Macht in Bewegung versetzt, schwankte sein Oberkörper wie ein Perpetuum mobile für Sekunden teils außerhalb, teil innerhalb des Raumes. Mühsam besann er sich und schob sich zitternd Zentimeter um Zentimeter in das Zimmer zurück, wo er inmitten des Raumes minutenlang auf dem nach kalter Asche riechenden Teppich liegen blieb, solange, bis sich sein rasendes Herz und sein nicht minder erregter Verstand beruhigten.

Dieses Ereignis verstörte ihn zutiefst und ließ ihn tagelang an seiner seelischen Gesundheit zweifeln. Jetzt, da er den sich auf der Scheibe zerteilenden Schneeflocken zusieht, nimmt ein ähnliches Gefühl von ihm Besitz. Nicht er beeinflusst die Dinge, die Dinge beeinflussen ihn. Sie geschehen einfach, dabei sind sie seinem Zugriff vollkommen entzogen.

Der Mensch kann nur reagieren. Diese Erkenntnis ist wenig geeignet, ihn zu beruhigen.

Er denkt an den alten Mann, den er im Verlaufe des

besagten New York Aufenthaltes ein paar Tage später im Central Park traf. Der Alte ging mit einer Glocke herum und gab ein Sprüchlein zum besten, dessen Wortlaut Otto vergessen hat, das jedoch den Menschen, die sich Zeit für ein Gespräch mit ihm, dem Alten nahmen, Glück bringen sollte. Eine ungewöhnliche Methode, mit jemandem ins Gespräch zu kommen. Der Alte hieß Izzy Block, das weiß er noch und er wohnte in einem Seniorenheim direkt am Central Park. Er stammte ursprünglich aus Freiburg und wanderte im Jahre 1907 mit seinen Eltern in die Vereinigten Staaten aus. Daran erinnert sich Otto. Was ihm alles einfällt.

Kann das sein? Er denkt angestrengt nach. Ich war 1997 in New York, da muss der Mann an die einhundert Jahre alt gewesen sein. Möglicherweise war er schon ein wenig verwirrt und hat sich in den Jahreszahlen geirrt. Seine Augen waren jedoch ganz wach. Er besaß einen scharfen und gleichzeitig gütigen Blick.

Vielleicht spielt mir die Erinnerung einen Streich, denkt Otto. Die wenigen Haare, die er besaß, waren schlohweiß. Ich habe eine ganze Weile mit ihm gesprochen, ja ich meine sogar, es genossen zu haben, mich mit dem alten Mann zu unterhalten. Letztlich war ich der Beschenkte, denn er hat mir einen Teil seiner Zeit geopfert, von welcher er weniger besaß, als ich in jenen Tagen.

Sein Lebenszeitkonto war nahezu aufgebraucht. Da bin ich sicher. Ich habe mir seine Adresse notiert und versprochen, ihm eine Weihnachtskarte zu schicken. Ganz von selbst habe ich mich dazu entschlossen. Er hat gelächelt. Ich sehe ihn vor mir, kurze Hosen und ein ausgewaschenes T-Shirt. Ein alter Mann in kurzen Hosen im Central Park. Ich habe zwei Dollar in seine Dose gesteckt. Was sind schon zwei Dollar? Ich habe ihm wirklich eine Weihnachtskarte geschickt, sogar eine besonders schöne. Eine Antwort habe ich nie erhalten. Ist sicher lange tot, der alte Bursche. Ich werde wohl nie erfahren, ob er die Karte erhalten hat. Hab mir so manches Mal vorgestellt, wie er vor seinem Seniorenheim auf einer Bank in der Sonne sitzt und meine Karte in der Hand hält. Er betrachtet mit seinen aufmerksamen, wachen Augen jede Nuance der Fotoansicht, welche eine norddeutsche Landschaft und in der zweiten Bildhälfte eine Stadt an der Trave zeigt. Ich sehe ihn vor mir, wie er daran riecht, als würde dem Karton der Geruch von Pflanzen, einer bestimmten Stadt in einer entfernten

Region, von Menschen entströmen. Er sitzt dort in der Sonne und malt in Gedanken sein eigenes Bild von dem Land, aus dem er einst gekommen und von wo er so weit gereist ist, bis nach Amerika. Zu dem Ort, an dem sein Leben enden wird.

Der müde Blick von Otto ruht auf den auftauenden Flocken. Die Temperatur steigt. Schneegriesel treibt gegen die Fenster. In Ottos Kopf erklingt ein Lied. Erst leise und fein, rasch anschwellend. Fordernd. Schneeflöckchen, Weißröckchen, da kommst du geschneit, du kommst aus den Wolken, dein Weg ist so weit... Seltsam, da sitzt man in einem fahrenden Zug und nicht nur die Landschaft, auch die Jahre gleiten vorüber.

Das Bassin

Beim Gang durch den nächsten Wagen, die Augen auf das Muster des Teppichs gerichtet, bemerkt er erst, nachdem er bereits hindurch geschritten ist, dass sich auch hier niemand aufhält.

Dreißig Plätze und keiner besetzt. Otto geht schneller, mit weit ausholenden Schritten. Im folgenden Wagen das gleiche Bild. „Hallo. Ist hier jemand?". Die Stille wiegt schwer. Sie gleicht dem Gewicht um seinen Hals. Damals im siebzehnten Stockwerk in New York City. Unwillkürlich greift er sich an die Kehle.

Weiter durch den Zug, bis zur verschlossenen Tür am Ende des letzten Wagens. Durch die Glasscheibe kann Otto den Triebkopf des Zuges erkennen. Das ist verrückt. Er fängt an zu singen, warum weiß er selbst nicht genau.
„Oh when the saints, oh when the saints go marching in..."

Otto singt den Text mehrmals hintereinander in verschiedenen Stimmlagen. Er sitzt auf der dunklen Auslegeware, den Rücken gegen die verschlossene Tür gelehnt.

*„Oh Lord, I want to be in that number, when the saints
go marching in."*

So laut es geht. Er singt und schreit, bis die Lunge
schmerzt. Cry it out - L O U D.

Ein Zug für zwei Leute. Ein ganzer Zug! Das glaubt
doch keiner. Sicher, es besteht die Möglichkeit, dass
in den zwei Wagen hinter meinem Leute sitzen, aber
warum sollten ausgerechnet dort Leute sein, wenn
sonst niemand hier ist. Otto überlegt, was in einem
solchen, seiner Einschätzung nach einmaligem Fall,
zu tun ist. Er beschließt umzukehren. Weiter geht es
nicht. Der Triebkopf hinter der verschlossenen Tür
schaukelt ein wenig, als der Zug in eine lange, sanft
geschwungene Kurve einfährt. Hinter der dunklen
Scheibe glimmt ein Licht.

Otto presst sein Gesicht gegen das Glas und späht
hindurch.

Hinter der Scheibe befindet sich offenbar nicht der
Triebkopf, sondern ein weiterer Raum.
Zunächst ist da nur Dunkelheit, dann wird es
unvermittelt so hell, dass er jedes Detail erkennen
kann.

Ihm ist, als würde er nicht länger vor der Scheibe stehen, sondern direkt dahinter, mitten in dem matt erleuchteten Raum, um mit all seinen Sinnen dem Schauspiel, das sich seinen ungläubigen Augen bietet, beizuwohnen. Gleichzeitig steigt ihm ein unangenehmer Geruch in die Nase. Scharf und zugleich süßlich. Bildet er sich das ein? Nein, es riecht eindeutig nach Konservierungsmitteln, nach einer alkoholischen Lösung.

In der Mitte eines weiß gefliesten Raumes steht ein großes Becken, gefüllt mit einer bräunlichen Flüssigkeit von öliger Konsistenz.

In dem Bassin, teils ruhend, teils treibend, fettig glänzende Leiber, dicht gedrängt, übereinander gelagert, sich drehend, die Gliedmaßen aneinander reibend, auf- und ab schaukelnd. Über allem der stechende Geruch. Kleine Wellen schwappen schlürfend gegen den Rand des Bassins.

Die Haare auf Ottos Armen richten sich auf.

Von Zeit zu Zeit durchbricht ein Körper, eine Gliedmaße, die Phalanx der schwimmenden Leiber, dann reckt sich kurz ein muskulöser Arm, ein glattrasierter Kopf empor, um sogleich wieder zurück zu sinken in das Element, welches ihn gefangen hält.

Die Insassen des Beckens wachen eifersüchtig darüber, dass niemand einen dauerhaften Vorteil erlangt. Mit vereinten Kräften gelingt es ihnen, jeden Versuch diesbezüglich rasch zu vereiteln. Jeder möchte an die Oberfläche. Stoßend und drängend wogt die Masse hin und her, ein steter Kampf um die besten Plätze. Alte und junge Gesichter, Kinder, Frauen und Männer treiben aufeinander zu, vereinen und lösen sich in einem geschmeidig anmutenden Tanz. Unmöglich zu sagen, wie viele sich ganz unten, auf dem Grund des großen Beckens befinden, fernab vom Licht. In endlosen Schleifen kreisen sie in unterschiedlichen Tiefen, der Weg nach oben ist versperrt durch mehrere Schichten sich drängender, dicht an dicht schwimmender Leiber. Nur selten gelingt es einigen aus den unteren Etagen, sich an den anderen vorbei einen Weg an die Oberfläche zu bahnen. Die Augen einzelner sind geöffnet, sie starren träge gegen die Decke. Jene, die seitlich durch die ölige Flüssigkeit treiben, haben ihre Augen auf den Nachbarn gerichtet, eifersüchtig jede seiner Bewegungen verfolgend. Die Mehrzahl jedoch hat die Augen geschlossen und treibt gemächlich dahin.

Es hat den Anschein, als vereine sie das Wissen, nicht alleine zu sein, sie spüren sich, ohne zu sehen, warum also die Augen öffnen?

Die einzigen Geräusche, abgesehen von dem gelegentlich in Verbindung mit einem Ausbruchsversuch einhergehenden Plätschern, rühren von der flackernden Deckenbeleuchtung sowie dem gleichmäßigen Surren der altersschwachen Klimaanlage. Der Raum ist groß. Otto kann das Ende nicht erkennen. Die sich bewegenden Körper erwecken den Eindruck eines steten Kampfes.

Die in den unteren Bereichen des Bassins treibenden Leiber mühen sich unentwegt, nach oben zu gelangen, als wollten sie um jedes Preis erfahren, was außerhalb des Beckens geschieht. Das gedämpfte Schmatzen, mit welchem sie sich zwischen den anderen hindurch zu drängen versuchen, hat etwas unnachgiebig Starrsinniges, so wie die Bemühungen der an der Oberfläche schwimmenden, die unermüdlich schiebenden und drückenden Usurpatoren in der Tiefe zu halten. Einem besonders dicken Mann, dessen gewaltiger Bauch plötzlich aus dem Wasser schießt wie ein Wal, der zu einem beeindruckenden Sprung ansetzt, wälzt sich zwischen den anderen hindurch und diese beiseite. Sein großer, runder Kopf dreht sich mitsamt dem nachdrängenden, von ödematischen Schwellungen gezeichneten Leib von einer Seite zur anderen.

Ein glückseliges Lächeln ist in sein Antlitz gemeißelt, die halb geöffneten Augen starren verzückt zum Licht. Die anderen Bewohner des Beckens treiben zunächst auseinander, überrascht von diesem Husarenstreich, zu dessen Gelingen nicht unwesentlich die Gasbildung in dem ungeheuren Bauch beigetragen haben mag. Doch so, wie sie auseinander driften, nähern sie sich unweigerlich wieder an. Die außen treibenden Körper stoßen gegen die Ränder des Beckens, um erneut der Mitte des Bassins zuzustreben.

Der Unglückliche, dessen Gesicht im Schein des flackernden Deckenlichts ein glückseliges Lächeln offenbart, registriert das Herannahen der anderen erst in dem Moment, als die ersten Körper gegen seine Extremitäten stoßen. Arme und Beine, schwer wie solide hölzerne Bohlen, beginnen zu rudern, um den Angriff abzuwehren. Für einen Augenblick scheint der Kampf auf Messers Schneide, der gewaltige Leib des

Mannes die Angreifer aufhalten zu können, dann wendet sich das Blatt. Der Übermacht weichend, beginnt der Körper zwischen den anderen zu verschwinden. Als würde er dahinschmelzen, verschwinden Beine und Arme, der Kopf und zuletzt der gewaltige Bauch, welcher diese ungewöhnlich heftige Attacke erst auszulösen vermochte.

Wasser spritzt zwischen den kämpfenden Leibern empor, sprüht hinauf zur unbeeindruckt flackernden Leuchtröhre, ein letzter Gruß des Dicken, dann kehrt Ruhe ein.

Nur das Surren der Klimaanlage und das elektrische Flackern der Beleuchtung sind zu hören, der Kampf ist beendet. Otto schreckt hoch, vom Grauen geschüttelt. Sein Atem flattert wie ein erschöpfter Vogel. Ein Becken voller Leichen. Und doch so lebendig. Stöhnend wankt er zurück, lässt sich in den nächsten Sitz fallen. Sofort reißt es ihn von neuem hoch, entsetzt flieht er durch den Wagen in die entgegengesetzte Richtung.

Er stolpert, schlägt hin. Es wird dunkel. Otto kneift die Augen zusammen.

Als er sie öffnet, sitzt er auf Platz 29 A, wie er mit

einem raschen und besorgten Blick feststellt. Sein Sitz. Wie kommt er hierher? Die Erinnerung an das Erlebte durchzuckt ihn gleich einem elektrischen Impuls.

Otto legt die Hand auf den Mund, als könne diese Geste den Abdruck des Ungeheuerlichen, der sich in sein Hirn eingebrannt hat wie ein feuriges Mal, zurückstoßen in die Dunkelheit, die Brutstätte des Surrealen. Sein Herz trommelt in der Brust. Verstört schaut er sich um. Was um Himmels Willen geschieht hier? Seine Wanderung durch den leeren Zug, das schreckliche Erlebnis, dessen Zeuge er war, können doch unmöglich einem Traum entsprungen sein.

Erst jetzt bemerkt er die Menschen auf den anderen Plätzen des Großraumwagens. Überall Reisende. Nicht zu fassen. Nicht wenige haben den Kopf gewendet, starren ihn interessiert an. „Woher kommen die Leute ? Habe ich eine Station verschlafen?"

Gelächter. Heiterkeit in unterschiedlichen Variationen. Ungeniertes Kichern, meckerndes Schluckauf-Lachen, zischende Laute, aufgerissene Augen. Unverblümte Freude mäandert durch die Reihen. Auf der anderen Seite des Ganges eine alte Frau und ein Jüngling.

Die Alte blickt ihn unverwandt an, der Junge lächelt hohläugig. „Sie haben im Schlaf gesprochen." Otto räuspert sich. „Entschuldigung, es geht mir nicht gut. Ich...ich habe schlecht geträumt. Was habe ich gesagt?"
Die alte Frau glotzt unverhohlen, der eingefallene, faltige Mund ein dünner Strich. Der Junge, kaum älter als vierzehn, beugt sich vor. „Sie haben gesagt: Macht Platz, der Schnitter kommt!".
„Der Schnitter?"

Der Junge nickt beflissen. „Jawohl." Otto fährt zurück. „Warum sollte ich so etwas sagen? Ich habe geschlafen und geträumt." Die Alte starrt aus trüben Augen. Ihre Mundwinkel zucken und Otto fürchtet, sie könne in ein schrilles, der Situation unangemessenes Gelächter ausbrechen und die ohnehin auf ihn fokussierte Aufmerksamkeit der Fahrgäste weiter verstärken.

Doch nur ein unterdrücktes, heiseres Kichern ist zu hören. Er fühlt sich, als läge er unter einem Vergrößerungsglas und die Mitreisenden sähen hindurch und würden jedes noch so klitzekleine Geheimnis, dass sich in seinen Gehirnwindungen verbirgt, sofort durch das starke Glas entdecken. Die alte Frau schüttelt entschieden den Kopf, als habe sie seine Gedanken gelesen, das Zucken ist verschwunden, ausgelöscht, die Mimik wie eingefroren.

Sie wendet sich dem Jungen zu. Dieser lächelt schüchtern. „Geträumt und geredet im Schlaf", meckert sie greisenhaft. Der Junge wimmert vor Lachen.

Otto fragt sich, ob der Bursche beschränkt ist. Dieser kichert und nickt ihm verständnisvoll zu. Im Waggon herrscht Totenstille. Otto wendet den Kopf und sieht aus den Augenwinkeln, dass ihn die anderen Reisenden neugierig mustern. Er ist nach wie vor Gegenstand des allgemeinen Interesses. Kaum, dass er dies registriert, beginnt alles wie auf Kommando durcheinander zu schwatzen, als versuche ein jeder, den Eindruck zu verwischen, er habe den Worten von Otto gelauscht.

„Wo sind wir?", fragt Otto erschrocken. „Auf halbem Weg", antwortet die Alte mit überraschend kräftiger, wohlklingender Stimme. „Auf halbem Weg wohin?", fragt Otto erstaunt. Die Alte kichert. „Können Sie mir sagen, wie die nächste Station heißt?".

Die Alte glotzt ihn ausdruckslos an und schüttelt den Kopf. Der Junge lacht leise. Otto murmelt eine Entschuldigung und steht auf.

Der Mann im Speisewagen. Den wird er fragen.

Wenn das, was ihm widerfahren ist, nur ein Traum gewesen ist, dann kann dieser Mann sich jetzt unmöglich dort aufhalten, da er in diesem Fall Teil des besagten Traumes gewesen sein muss. Immerhin ist Otto an ihm vorbei durch den menschenleeren Zug spaziert, bevor er Zeuge der jenseitigen Szene wurde.

So werde ich es machen, denkt er. Mir Gewissheit verschaffen. Eilig drängt sich Otto durch den Gang. In dem Moment, in welchem er die Tür des Abteils hinter sich schließt, sieht er zurück. Die Alte und der Junge, lehnen sich weit in den Mittelgang und glotzen ihm nach als ob er mindestens das achte Weltwunder wäre.

Das Interesse der anderen Reisenden an seiner

Person scheint dagegen erloschen. Niemand außer den beiden beachtet ihn. Doch auch die Alte und der Junge ziehen wie auf Kommando gleichzeitig die Köpfe zurück, allerdings nicht schnell genug, als dass Otto das schadenfrohe Lachen im Gesicht der Alten nicht gesehen hätte. Verärgert zieht er die Tür zu und wendet sich ab.

Vielleicht sind alle beide nicht ganz normal? Warum haben die ihn so angestarrt? Komische Alte. Hat einen vogeligen Blick. Er geht weiter. Alle Wagen sind besetzt. Männer und Frauen, Kinder, Menschen jeglichen Alters und Geschlechts bevölkern die Abteile und Großraumwagen. Einige Reisende unterhalten sich angeregt, andere sind in ihre Lektüre vertieft oder schauen aus dem Fenster. Andere wiederum schlafen friedlich.

Die Bilder gleichen denen jeder beliebigen anderen Reise in einem Zug, der von A nach B fährt. Otto ist bestrebt, so schnell wie möglich in den Speisewagen zu gelangen, er möchte endlich wissen, woran er ist, sofern sich das überhaupt herausfinden lässt. Eine zittrige Unruhe hat sich seiner bemächtigt. Mit wackeligen Knien läuft er durch den Zug, weicht Mitreisenden aus, hastet weiter. Es treibt ihn den ganzen langen Zug hindurch. Er fürchtet, wenn er nicht schnell genug ist, könnte die nächste ungeheuerliche Sache geschehen, ohne dass es ihm gelänge, die drängende, ja fundamentale Frage zu klären. Wo ist er und was geschieht ihm?

Endlich hat er sein Ziel erreicht. Suchend streift sein Blick durch den Speisewagen. Nur wenige Reisende haben sich hierher verirrt.

Aus den Lautsprechern der Deckenverkleidung rieselt Jazz aus den sechziger Jahren. Bossa Nova. Antonio Carlos Jobim. Eine Passage aus dem Album Wave. Otto liebt diese Musik. Wer sich dabei nicht entspannen kann, dem ist nicht zu helfen. Er summt die Melodie. Abrupt bleibt er stehen. Der Mann, den er sucht, sitzt auf dem gleichen Platz wie vorhin und sieht ihn direkt an. Nein. Er sieht durch ihn hindurch.

Irgendetwas in Otto gerät ins Rutschen. Die Sache entgleitet. Passenderweise verspürt Otto ein dringendes Bedürfnis, sich auf der Toilette zu erleichtern. Doch ebenso schnell wie das Gefühl von ihm Besitz ergreift, weicht es wieder.

Otto stößt den Atem aus und mahnt sich zur Ruhe. Er gibt sich einen Ruck und schreitet auf den Fremden zu, der ihn abwesend und wie es aussieht, verträumt beobachtet.

In diesem Augenblick bemerkt Otto seinen Irrtum.

Die Augen sind ausdruckslos, der Blick auf etwas gerichtet, was durch die Sehkraft eines Menschen nicht erfasst werden kann.

Der Mann ist blind.

Prose Cutor

Otto bleibt unschlüssig stehen. Der andere regt sich. „Bitte setzen Sie sich." Otto erschrickt. „Entschuldigen Sie, dass ich störe."

„Nehmen Sie Platz", wiederholt der Fremde freundlich, aber bestimmt. Otto hockt sich verlegen auf die Kante des Sitzes und mustert sein Gegenüber nervös. Mittelgroße, schlanke Statur, dunkle, sorgfältig frisierte Haare, alterloses ovales Gesicht, gebogene Nase, schmale Lippen. Gekleidet in einen tadellos sitzenden, nachtblauen Anzug. Zeitlos elegant. Dazu ein schlichtes weißes Hemd und eine bordeauxrote Krawatte. Den Kopf leicht geneigt, als würde der Fremde einem feinen Ton lauschen, den nur er selbst wahrzunehmen in der Lage ist. Die hellen, grau-grünen Augen sind auf Otto gerichtet, ohne zu sehen. Dieser fühlt sich unangenehm berührt durch den träumerischen, nicht auf ihn, sondern irgend einen weit entfernten Punkt gerichteten Blick.

„Entschuldigen Sie, dass ich Sie anspreche, aber ich fahre bereits eine Weile mit diesem Zug und habe Sie schon vor einiger Zeit hier sitzen sehen."

„Ja?" Der Blick des Fremden irrlichtert durch das Abteil und erinnert Otto an einen defekten Scheinwerfer. „Verzeihung", nimmt er einen neuen Anlauf. „Ich sollte mich erst einmal vorstellen. Mein Name ist Otto Hansen. Ich befinde mich auf einer längeren Reise." Er reicht seinem Gegenüber vorsichtig die Hand, welche dieser ergreift und gleichzeitig fest und auch irgendwie prüfend, so erscheint es Otto, drückt.

„Freut mich, Sie kennenzulernen, Herr Hansen". Otto macht mit beiden Händen eine abwehrende Bewegung. „Otto, sagen Sie bitte Otto."

Der Fremde lächelt. „Gerne Otto, ich heiße Prose Cutor, für Sie Prose. Ich bin recht häufig auf dieser Strecke unterwegs. Stören Sie sich nicht an meinen schlechten Augen. Um der Wahrheit zur Ehre zu gereichen, ich bin nahezu blind. Ein Maulwurf verfügt im Vergleich zu mir über Adleraugen. Daher bin ich vor allem auf das, was ich höre, angewiesen. Was verschafft mir die Ehre unserer Bekanntschaft?" Das Gesicht von Cutor hat einen interessierten Ausdruck angenommen. Otto nickt. „Tut mir leid, die Sache mit Ihren Augen."

Cutor zeigt ein dünnes, feines Lächeln. „Sie können

nichts dafür." Das stimmt, natürlich. Otto überlegt, wie er anfangen soll. „Also, wie ich sagte, ich fahre seit einer Weile, es mögen Stunden sein, mit diesem Zug und ich wollte Sie fragen Prose, ob Ihnen während der Fahrt heute irgendetwas Ungewöhnliches aufgefallen ist. Sie fahren diese Strecke ja nicht zum ersten Mal."

Prose scheint den Worten, sobald sie Ottos Mund verlassen, hinterher zu lauschen, ihre Bedeutung abzuwägen, sie gründlich zu analysieren. Das feine Lächeln, welches seine wohlgestalteten Züge noch stärker hervorhebt, umspielt seine Mundwinkel. Eigentlich ein sympathisches Gesicht, denkt Otto. Obgleich die Mimik schwer greifbar ist. Etwas unbestimmtes haftet den Gesichtszügen an. Er sieht jedenfalls nicht aus, als wolle er sich über mich lustig machen.

Was meinen Sie mit ungewöhnlich?", fragt Prose nach einer, ihm offenbar ausreichend erscheinenden Zeit des sorgfältigen Abwägens. „Nun, frei heraus...", antwortet Otto, worauf Prose aufmunternd nickt, „ich bin vor kurzem durch den Zug spaziert und habe niemanden vorgefunden, außer uns beiden und wenn ich sage niemanden, dann meine ich das genau so.

Keine Menschenseele in meinem Wagen. Damit fing es an. Ich war ein wenig beunruhigt über diesen, wie ich finde, durchaus ungewöhnlichen Umstand. Daher habe ich alle Wagen überprüft, ich dachte mir, irgendwo wird schon jemand sein. Aber nein, überall das gleiche Bild. Nicht ein Mensch zu sehen, der reinste Geisterzug. So bin ich bis zum ersten Wagen gegangen, um ganz sicher zu sein und habe auch diesen durchquert, bis es nicht mehr weiterging. Hinter diesem Wagen befindet sich lediglich der Triebkopf. Sollte er zumindest. So weit, so gut. Doch eben dort, ganz vorne, ist mir etwas richtig Seltsames, um nicht zu sagen Ungeheuerliches widerfahren und ehe ich mir darüber klar werden konnte, um was es sich dabei überhaupt gehandelt haben könnte, tja, also....kurz danach bin ich plötzlich in meinem Abteil aufgewacht, von lauter Menschen umgeben, die zuvor definitiv nicht da waren.

Daraufhin habe ich mich entschlossen, den - inzwischen gefüllten Zug- ein zweites Mal zu durchqueren, um heraus zu finden, ob Sie, der Sie wie erwähnt, anfangs der einzige Mensch außer mir in diesem Zug waren, noch an Ihrem Platz sitzen oder eben nicht.

Meine Überlegung war folgende: Wenn ich alles nur geträumt habe, können Sie sich nicht dort befinden, wo Sie jetzt sitzen. Bleibt die Schlussfolgerung, dass ich nicht geträumt habe. Eine andere Möglichkeit kommt nicht in Betracht, wenigstens fällt mir keine auch nur halbwegs rationale Erklärung ein. Und das ist noch erschreckender als alles andere." Bei diesen Worten klatscht Otto bekräftigend in die Hände.

Prose nickt anerkennend. „Wussten Sie eigentlich, dass es sich bei Ihrem Namen um ein Palindrom handelt?"

"Wie bitte? Ich verstehe nicht."

Prose fährt mit der Hand durch die Luft. „Der Name Otto ergibt rückwärts gelesen einen Sinn. Mehr noch. Er verändert sich in keinster Weise. Das ist bemerkenswert. Gleichzeitig ist Ihr Vorname auch ein Morsecode-Palindrom, da er ausschließlich aus symmetrischen Morsezeichen besteht. Das ist sehr interessant."

Otto ist verblüfft. Er weiß nicht, was er von dieser Mitteilung halten soll. Natürlich lässt sich sein Name vorwärts und rückwärts lesen. Doch was hat das mit der SACHE zu tun. Prose lacht freundlich. „Es wurde mir nur gerade bewusst. Weiter nichts. Zurück zu Ihrem Erlebnis.

Soweit ich das verstehe, sind es zwei Gegebenheiten, die zu Ihrer Irritation beigetragen haben. Zunächst einmal die Frage nach den Mitreisenden, die wiederum untrennbar mit dem vermuteten Zustand des Träumens, in welchem sie sich befanden, zusammenhängt und nur bei korrekter Zuordnung desselben exakt beantwortet werden kann. Zweitens", fährt Prose mit nachdenklichem Gesicht fort, „bleibt zu klären, warum ich in beiden Versionen auf meinem Platz gesessen habe. Ist es nicht so, dass Sie dem Erlebnis, welches Sie am Ende des Zuges hatten, ohne mir gegenüber näher darauf einzugehen, was ich, angesichts der kurzen Dauer unserer Bekanntschaft, gut verstehe, ebenfalls eine zentrale Rolle beimessen, da es, so vermute ich, so ungeheuerlich gewesen ist, dass Sie es nur für erklärbar halten, wenn es sich um einen Traum gehandelt hat, da die Art des Erlebten jenseits sämtlichem realen Erfahrungswissens liegt und bereits die reine Annahme seiner Existenz als außerordentlich beängstigend bezeichnet werden muss?"

Otto nickt verblüfft. „Damit ist dieses Erlebnis der Fixstern, um den sich alles andere dreht. Habe ich den Kern der Sache in etwa berührt, Otto?“

„Exakt . Sie haben sogar genau ins Schwarze getroffen.“ Otto starrt sein Gegenüber an. Was für ein scharfsinniger Mensch. Bewunderung, gepaart mit Misstrauen spiegeln sich in Ottos Mimik. Er nickt langsam, als wolle er die eigenen Gedanken bestätigen.

In den Mundwinkeln seines Gegenüber nistet einen Wimpernschlag lang ein maliziöses Lächeln. Otto hält seine Gleitsichtbrille in der Hand und setzt sie rasch auf, um Prose zu betrachten und gleichzeitig die eigene Unsicherheit zu verbergen.

Ich fange an durchzudrehen, denkt er. Werde immer nervöser. Das kann dieser Prose doch gar nicht alles wissen. Dann sagt er sich, dass dessen Blindheit die verbliebenen Sinne geschärft haben müsse. Nicht zu vergessen eine gute Intuition. Das erscheint plausibel.„Sie haben recht, Prose“, hört er sich sagen.   „Das, was ich am Ende der Wagen erblickt habe, war zu ungeheuerlich, um real zu sein, zumal hier, in einem Zug.“

Cutor hält den Kopf in der bereits bekannten Haltung, ein wenig schief, auf halbem Wege zur Schulter innehaltend, lauschend, jedes Wort und jedes Geräusch begierig aufsaugend.

Seine Kiefer mahlen genüsslich, die feuchte rote Zungenspitze gleitet zwischen den Lippen hin und her. „Erweisen Sie mir die Gunst und weihen Sie mich ein. Schildern Sie das Erlebnis so, wie es sich zugetragen hat, gleich ob es sich um einen Traum gehandelt hat oder nicht. Sie müssen natürlich nicht, wenn Sie nicht wollen, nur fürchte ich, das wir in diesem Fall keine Fortschritte in besagter Angelegenheit erzielen werden.“

Otto rutscht unruhig auf dem Kunstledersitz umher. Eine seltsame Art sich auszudrücken hat dieser Cutor. Otto versucht sich vorzustellen, wie er selbst reagieren würde, sollte ihm jemand mit solch einer Geschichte kommen. Was soll er tun? Einerseits kennt er diesen Menschen überhaupt nicht, andererseits ist das sogar ein Vorteil.

Seine eigene Frau, seine Freunde, vermutlich jeder Bekannte würde ihn wohl für übergeschnappt halten, sollte er ihnen diese Geschichte auftischen. Was hat er zu verlieren? Nichts. Wenn ihm die Reaktion von Cutor nicht gefällt, steht es ihm frei aufzustehen und in sein Abteil zurückzukehren. Damit dürfte die Angelegenheit, was Prose Cutor betrifft, erledigt sein. Die Entscheidung ist gefallen.

Otto lehnt sich zurück und berichtet, wobei er sich seltsamerweise so fühlt, als würde er beichten. Er hat noch nie gebeichtet. Dennoch entspannt er sich nach und nach. Er erzählt ruhig und in chronologischer Reihenfolge. Dabei lässt er nichts aus, weder beschönigt noch dramatisiert er. Während er spricht, spürt er die Erleichterung darüber, sich mitzuteilen, sei es auch gegenüber einem gänzlich Fremden. Schließlich ist er am Ende angelangt.

Schweigen. Cutor sitzt vor ihm, so unbewegt wie ein Stein. Kein Muskel zuckt. Es ist unmöglich zu erraten, was in ihm vorgeht, woran er denkt, wie er das Gehörte einordnet.

Missmutig betrachtet Otto das glatte, gleichmäßige Gesicht, darauf gefasst, dass sich dieses in den nächsten Sekunden in eine Maske der Heiterkeit verwandelt. Wie alt ist dieser Prose? Er scheint wirklich alterlos. Keine einzige sichtbare Falte, weder um den Mund noch um die Augen. Ein zeitloses Antlitz. Gut möglich, dass Prose Anfang bis Mitte vierzig ist, er könnte aber auch ein gut erhaltener Endfünfziger sein. Was mag er von mir denken? Ob er mich für verrückt hält?

Er spürt von neuem die Unsicherheit, versucht sich davon zu lösen. Otto springt den Gedanken hinterher, die kreuz und quer durch seinen Kopf hüpfen, ohne dass er zu einem Entschluss gelangt wie er sich jetzt verhalten soll.

Er schreckt auf, als Prose zu sprechen beginnt. Dessen Augen sind fest auf ihn gerichtet und Otto könnte in diesem Augenblick schwören, dass der andere ihn beobachtet.

„Wie lange fahren Sie schon mit diesem Zug, Otto?" „Ist das wichtig?" „Nun, ich frage mich, wie lange Sie bereits einer von uns sind, ein Reisender."

„Ein Reisender?" Cutor nickt lächelnd.
„So sagt man für gewöhnlich, wenn jemand ein Fortbewegungsmittel nutzt, um von dem Ort, an dem er aufgebrochen ist, zu dem Ort zu gelangen, der gemeinhin das Ziel darstellt."

Otto denkt nach. Es ist alles so verschwommen. Es fällt ihm schwer, sich zu erinnern. „Ich bin nicht sicher, aber ich denke, dass ich schon einige Stunden unterwegs sind. Vier, fünf Stunden schätze ich.“

„Sie schätzen. Genau wissen Sie das also nicht. Das ist wirklich interessant.“ Otto versucht angestrengt, sich zu erinnern, um wie viel Uhr er seine Reise angetreten hat, aber es will ihm beim besten Willen nicht einfallen. Kerzengrade aufgerichtet und ziemlich verblüfft sitzt er auf dem Kunstledersitz. Er sieht aus, als hätte er einen Stock verschluckt. „Das ist nicht möglich, ich kann mich einfach nicht erinnern. Das einzige, das ich sicher weiß, ist dass es um die Mittagszeit gewesen sein muss. Die Sonne stand im Zenit und ich hatte gerade gegessen, da bin ich mir auch sicher. Die Mahlzeit, eine mächtige Portion Erbsensuppe mit zwei Bockwürsten, verursachte mir einiges Magendrücken. Aber das ist leider schon alles. Irgendwie ist alles andere so undeutlich, verschwommen. Ich kann es selbst kaum glauben, aber mehr kann ich beim besten Willen nicht dazu sagen. Das ist schon sehr seltsam.“ Otto lächelt verlegen.

„Hm, die Sonne stand im Zenit, sagen Sie." „Ja, das tat sie. Hoch am Himmel und es war recht warm." „Wo steht die Sonne denn jetzt?", fragt Cutor. „Einen Moment, das haben wir gleich. Die Sonne...wo ist sie überhaupt?" Otto durchfährt es eiskalt.

„Ich kann die Sonne nicht sehen." Cutor hebt beschwichtigend die Hand. „Sehen Sie auf die andere Seite." Otto stürzt zum gegenüberliegenden Fenster. „Hah, da ist sie ja, ich sehe sie, dort oben am Himmel. Gute alte Sonne." Cutor lächelt. „Und in welcher Position steht die gute alte Sonne?"

„Sie steht...im... Zenit. Das kann doch nicht sein. Sie steht in der Mittagsposition. Das gibt es nicht. Wieso steht die Sonne noch im Zenit?" Otto zuckt nervös mit dem Kopf. Er springt auf und läuft aufgeregt den Gang auf und ab. Cutor sitzt unbeweglich auf seinem Platz, den Schädel auf die Seite gelegt, lauschend.

Derweil tigert Otto mit leise quietschenden Schuhsohlen den Gang rauf und runter. Cutor verfolgt seine Bewegungen aufmerksam lauschend. Schließlich hat Otto sich abreagiert und kehrt zu seinem Sitz zurück. Scheu berührt er Cutor an der Schulter. Ein Lächeln gleitet über dessen Gesicht.

„Sagen Sie die Wahrheit, Prose, halten Sie mich für verrückt?“

Prose Cutor horcht den Worten einen Augenblick lang hinterher, als müsse er ihre Bedeutung erst zur Gänze erfassen, dann schüttelt er entschieden den Kopf.„Nein, ich halte Sie nicht für verrückt, Otto. Ganz und gar nicht.

Sie sind etwas durcheinander, aber nicht wahnsinnig.“ Otto schlägt die Hände vor das Gesicht. „Was um Himmels willen, ist mit mir passiert? Was geschieht und warum geschieht es mir?

Woher, verdammt nochmal, stammen die Szenen, die ich gesehen habe. Die Erinnerungen an Geschehnisse aus der Vergangenheit, diese grässliche Sache mit all den Leibern in dem großen Becken. Warum steht die Sonne nach wie vor in der gleichen Position am Himmel wie vor Stunden. Und warum sitzen Sie jedes Mal an Ihrem Platz? Ist dies alles ein Traum?“

Cutor wiegt bedächtig den Kopf. „Das ist gar nicht so abwegig und würde manches erklären. Die Situation im Zug, zunächst menschenleer, in der folgenden Sequenz gefüllt mit Reisenden. Ihre Erinnerungen, die Szene mit dem von Ihnen beschriebenen Becken und den darin schwimmenden Leichen, meine Anwesenheit in jeder der Versionen, nicht zu vergessen die Sonne. Gehen wir davon aus, dass Sie sich in einem zumindest traumähnlichen Zustand befinden, würde das Ihrer Ansicht nach nicht auch Auswirkungen auf die gegenwärtige Situation haben?"

Otto, der Cutors Rede unruhig gefolgt ist, mustert diesen bestürzt. Er glaubt, zu verstehen. „Sie meinen, ich träume - jetzt?", stößt er atemlos hervor. Cutor betastet ausführlich seine gebogene Nase und nickt bedächtig. „Ich sage nicht, dass es so ist, ich sprach lediglich von einem traumähnlichen Zustand, wenn Sie sich entsinnen. Gehen wir allerdings davon aus dass meine Hypothese zutrifft, dann, ja dann träumen Sie auch jetzt. Ein Traum im Traum, in dem Sie sich Stufe um Stufe vorarbeiten. So etwas gibt es." Er zuckt gleichgültig mit den Schultern und lächelt ein kleines, seidiges Lächeln. Höflich beugt er sich vor. „Sie sollten sich keine unnötigen Sorgen machen, Otto. Wie heißt es doch. Träume sind Schäume. Sagt man nicht so?" Otto nickt abwesend. „So heißt es." Cutor nickt und bricht in ein vergnügtes

Lachen aus. Otto schaudert es. Ein drückendes Gefühl des Losgelöstseins und der Entfremdung überkommt ihn. Ihm ist, als würde er sich selbst von außen betrachten. Ihm schwindelt. Mit wackeligen Beinen tastet er sich an den Kopfstützen der Sitze den Gang entlang, während ihm Cutors vergnügtes Lachen in den Ohren hallt. Endlich hat er die Tür erreicht, die sich lautlos aufschiebt und hinter ihm schließt. Er blickt nicht zurück.

Atemlos lehnt er neben dem metallenen Abfallkorb und starrt auf das Muster der Auslegeware zu seinen Füßen, um einen klaren Gedanken ringend. So steht er geraume Zeit, in sich zurückgezogen, ohne seine Umgebung wahrzunehmen. Schließlich gelingt es ihm, sich loszureißen. Im gleichen Moment wird ihm bewusst, wie hässlich und abgenutzt der Teppich zu seinen Füßen ist.

Der Anblick ist real, irgendwie alltäglich, ebenso wie das Loch in seiner linken Socke. Otto wackelt mit der linken großen Zehe.

Er registriert das Anstoßen der Zehe gegen das Leder seines Schuhs mit Erleichterung. Er ist wieder zurück und zumindest vorläufig bei sich. Doch dieses

Gefühl ist nicht von Dauer...

Die Posaunen von Jericho

Otto hebt den Kopf und sieht .....

einen Wald aus Nadelbäumen, wehrhafte Äste, eine dichte, abweisende Phalanx. Die harten Spitzen des grünen Bollwerks starren ihm feindselig entgegen. Er befindet sich auf einer freien Fläche, nicht größer als eine Tischtennisplatte, umgeben von unzähligen Bäumen. Ein grünes Meer schließt ihn ein. Otto zuckt zusammen. Er sieht sich entsetzt um. Was ist das für eine neue Teufelei? Ohne jeden Zweifel befindet er sich außerhalb des Zuges, von dem weit und breit nichts zu sehen ist, weder das silbern glänzende Wagendach, noch der Triebkopf. Selbst die Gleise kann er nirgends ausmachen. Verzweifelt wackelt er mit der linken großen Zehe, als könne ihn diese Bewegung in die vertraute Umgebung zurückversetzen. Er spürt, wie sich das Loch in seiner Socke zunehmend vergrößert, allerdings änderst diese Entwicklung nichts an der Situation.

Er steht ohne jeden Zweifel mitten in einem aus halbhohen Tannen bestehenden Wald. Anfang und Ende dieses wogenden grünen Meeres zu überblicken ist schlicht unmöglich und so lässt Otto sich auf den von kniehohen Gräsern gesäumten Boden nieder, um Fassung bemüht. Über ihm treiben graue Wolken, die Sonne ist nirgends zu sehen. Das harte Gras sticht ihm in die Waden.

Orientierungslos rutscht er auf den Knien im Kreis, die Angst kriecht ihm in die Glieder. Zu allem Übel erhebt sich aus dem Gras ein kalter Hauch und zieht in seine Hosenbeine, feucht die behaarten Schienbeine und Oberschenkel umkreisend, über die Genitalien und den Bauch hinweg bis in Höhe des Herzens, welches die kalte Präsenz mit einem zittrigen Klopfen quittiert. Otto fröstelt, er fährt mit den Händen unter seine Kleidung, als könne er den aus eisiger Furcht gewebten nasskalten Schleier abstreifen. Es gelingt ihm nicht. Angst und die Erkenntnis der Sinnlosigkeit eines weiteren Verharrens an diesem Ort treiben ihn vorwärts. Er bahnt sich mit den Händen einen Weg durch das Geflecht steifer Äste. Zunächst funktioniert das recht gut, doch nach wenigen Minuten wird die grüne Wand undurchdringlich.

Otto kämpft gegen die, ihn wie Mückenstiche peinigenden, harten Nadeln wehrhafter Zweige, die ihm Gesicht, Hals und Arme blutig beißen.

Stumm erträgt er die prasselnden Schläge. Er zwingt den Körper tiefer in das nicht enden wollende blaugrüne Herz der Verzweiflung hinein. Kein Vogelschrei dringt an das Ohr, nur das unbarmherzige Klatschen der peinigenden Schläge. Der Atem dringt in unregelmäßigen, flatternden Stößen aus dem ausgetrockneten Mund, um über seine blutigen Lippen hinweg in das schlagende Grün zu entfliehen. Die Tannen werden größer und kräftiger.

Ein Bollwerk großer starrer Lanzen ist auf ihn gerichtet und Otto erkennt, dass der Weg endgültig versperrt ist. Umgeben von einer Phalanx aus harten, trockenen Ästen, gedemütigt und verhöhnt von dem unnachgiebigen stechenden und peinigenden blaugrünen Dickicht, lässt Otto sich auf den Boden sinken. Tränen laufen ihm über die Wangen.

Er ist mit den Nerven am Ende. Lasst mich in Ruhe, ich habe euch nichts getan, schluchzt es aus ihm heraus. Er heult Rotz und Wasser. Die Jahre fallen ab wie unnütze, welke Blätter. Heulend sitzt er auf dem Boden, ein ungerecht behandeltes Kind. Heller Schleim läuft ihm aus der Nase, quert salzig die dunkle Höhle des geöffneten Mundes und tropft über

Lippen und Kinn hinweg in den offenen Hemdkragen.

Die aufgekratzte Haut auf seiner Brust brennt wie Feuer. Otto bleibt heulend sitzen. Nach wenigen Minuten hat sich seine Seele abgeregnet und er erwägt schniefend die ihm verbleibenden Optionen.

Was soll er, was kann er machen? Sitzenbleiben bis zur Dunkelheit? Wer weiß, welche Gefahren die Nacht in diesem grünen Albtraum bereithält. Otto will nicht einmal daran denken. Nein, er muss weg, raus aus diesem stechenden Gefängnis. Je eher, desto besser. Bleiben der Rückzug oder eine andere Strategie, um sich weiter vorwärts zu arbeiten. Wohin immer ihn das weitere Eindringen in diesen Urwald auch führen mag. Vor dem Weg zurück fürchtet sich Otto mehr als davor, weiter in der eingeschlagenen Richtung sein Glück zu versuchen.

Er erinnert sich an den kalten Hauch, der sich auf der kleinen Lichtung zu Beginn seiner Expedition in der Bekleidung einnistete. Von diesem Ort ging eine Art Kälte aus, wie Otto sie nie zuvor erlebt hat. Nein, dorthin wird er auf keinen Fall zurückkehren. Es geht nur voran und so beschließt Otto, sein Glück kriechend zu versuchen. In Bodennähe ist mehr Platz als weiter oben.

Im Gehen ist ein weiteres Vordringen ausgeschlossen. Auch wenn ihm der Gedanke, sich auf allen Vieren bäuchlings durch diesen widerspenstigen Wald zu bewegen, gar nicht behagt, so scheint dies die einzige Möglichkeit, der stacheligen Hölle zu entkommen.

Ein Stück weiter rechts entdeckt Otto einen kleinen, tunnelartigen Durchlass, beschirmt von den in Kniehöhe beginnenden zapfengesäumten Ästen knorriger, alter Tannen. Dieser Teil des Waldes ist älter als der zuvor durchquerte. Wie ein Wurm schlängelt sich Otto bäuchlings über den von Moos und Nadeln bedeckten Boden in den entdeckten Tunnel hinein. Schlagartig nimmt das Licht ab. Spitze braune Nadeln bohren sich in die Handballen. Schicht auf Schicht, Jahr um Jahr haben sich unzählige, abgestorbene Nadeln übereinander gehäuft. Otto gräbt mit den Fingern in dem federnden Haufen, ohne das Ende zu erreichen. Die Luft ist stickig, das Zwielicht spielt ihm Streiche. Einmal glaubt er ein Tier, vielleicht ein Reh zwischen den Stämmen zu sehen. Kurz darauf die Gestalt eines Menschen. Er kann die aufsteigende Panik nur mühsam bezwingen. Wenigstens gelangt er nun leichter vorwärts. Seine Verzweiflung legt sich langsam und er schöpft neue Hoffnung.

Prose meinte, ich befände mich womöglich in einem Traum. Wenn dies so ist, brauche ich mich nicht zu beunruhigen, redet er sich ein. Das wiederholt er wie ein Mantra. Was immer geschehen wird, es kann mir nicht gefährlich werden, da es nicht real ist. Ich bin gefangen in einem Traum, der sich stets von neuem verzweigt, weiter und weiter. So wie dieser verfluchte Wald. Irgendwann werde ich aufwachen und es ist vorbei. Ich werde eine Zeitlang auf dem Rücken liegen wie jeden Morgen und einige Minuten brauchen, bis ich den auf mir sitzenden Alb abgeschüttelt habe. Ja, man kann wirklich sagen, dass ich von einem Nachtalb geritten werde. Wie ein Pferd hat er mich durch seine Welt getrieben. Noch nie habe ich so klar geträumt, jede Einzelheit dieser verwunschenen Landschaft steht in unglaublicher Detailtreue vor mir, wie gemeißelt, schärfer akzentuiert als im wahren Leben. Ein Unterschied vergleichbar mit dem zwischen einem HD-Fernseher und einem alten Röhrengerät. Selbst die Wunden, die mir die Äste geschlagen haben, schmerzen mehr, als man glauben möchte. Und dieser intensive Geruch nach Harz und Nadeln. Was wohl Sabine dazu sagen wird, wenn ich ihr davon erzähle. Ach Sabine, wir haben viel zu wenig miteinander gesprochen in der letzten Zeit. Es tut mir leid, wenn ich dich verletzt habe. Ich werde es wieder gut machen. Glaub mir, ich will mich ändern, noch einmal neu ausrichten. Ohne dich ist alles nichts. Wenn du wüsstest, wie sehr ich mich in diesem Moment nach dir sehne. Ich stehe im Nirgendwo und weiß nicht, wie ich diesem scheußlichen Traum entkommen kann. Schicht um Schicht hat sich der Schrecken übereinander gelagert. Der Weg zurück ist versperrt, also werde ich das Spiel bis zum Ende mitspielen müssen, die Traumgesichter ertragen und versuchen, nicht auch noch den letzten Rest Verstand zu verlieren. Ist es denkbar, in einem Traum verrückt zu werden? Alles hier scheint so klar und dennoch ist es ganz und gar surreal. Ich habe Angst. Gleichzeitig glaube ich zunehmend daran, dass ich mich wirklich in einem bösen Alptraum verirrt habe. Ein Traum in einem Traum in einem Traum, verästelt bis in kleinste Glied, ineinander verschachtelt wie die aus Birkenholz geschnitzten, bunt verzierten russischen Matrjoschka-Puppen, die irgendwo bei uns im

Wohnzimmerschrank vor sich hin stauben. Eine Figur gebiert die nächste. Ungeheuerlich. Wenn du mich nur sehen oder hören, meine Gedanken lesen könntest, du würdest es verstehen.

Nach wenigen Minuten beginnt sich der Wald zu lichten, die Bäume stehen nicht mehr ganz so nah beieinander und der größere Abstand ermöglicht es Otto, sich zu erheben. Rücken und Knie schmerzen. Steifbeinig stelzt er zwischen den Tannen umher, als er ein leises Wimmern vernimmt.

Etwas weiter entfernt liegt jemand oder etwas im Gras. Otto sieht, wie sich ein Körper wälzt und dabei Laute der Peln ausstößt. Hört das denn niemals auf? Die Haare an seinen Oberarmen richten sich elektrisiert auf. Nur ein Traum, vergiss das nicht. Wenn es ganz schlimm kommt, werde ich die Kraft finden, den Traum zu steuern. Dann kann ich dem Ganzen eine andere Wendung geben, die Wand, die mich von der Realität trennt durchbrechen und aufwachen. Es kann mir nichts geschehen, was immer sich dort befinden mag. Das Gras zittert, das sich windende Etwas keucht und stöhnt. Otto erkennt einen Körper und Haare. Es treibt ihn näher, als wäre er an einem unsichtbaren Seil festgebunden, an dem jemand gleichmäßig und kräftig zieht. Der Körper im Gras rotiert um die eigene Achse. Die Halme rings herum sind geknickt. Inmitten einer kreisrunden Fläche von wenigen Quadratmetern schiebt sich ein zitterndes, schnaubendes Wesen durch das Gras.

Otto stockt der Atem, dennoch schleicht er näher. Zentimeter um Zentimeter. Stille. Kein Laut ist zu vernehmen, der Leib vor ihm erschlafft, sinkt zusammen. Otto vermag nicht zu deuten, was dort geschieht. Er verharrt auf den Zehenspitzen, atemlos lauschend und starrt gebannt auf die Stelle im halbhohen Gras. Wind kommt auf, durchquert leichtfüßig die Halme, umkreist die Stelle, an welcher der Körper jetzt bewegungslos liegt. Der Wind legt sich plötzlich. Es ist so still, dass Otto sein Herz pochen hört.

Ein Schrei zerreißt die Luft. Wild und verzweifelt, eine schrille unheimliche, vielstimmige Klage lässt die Luft erzittern. Eine Stimme aus Stimmen, ohrenbetäubende Laute, die sich in einem einzigen gewaltigen akustischen Fanfarenstoß vereinen.

Otto spürt den mehrere Sekunden anhaltenden, unglaublich lauten Ton in seinem Brustkorb vibrieren wie den Bass bei einem Rockkonzert. Schützend presst er die Hände vor die Ohren. Die Posaunen von Jericho, schießt es ihm durch den Kopf. Die Welt stürzt ein, das Ende ist nah. Kein Stein wird auf dem anderen bleiben. Ich werde sterben. Aufwachen, aufwachen. Jetzt!

Otto konzentriert sich wie wild darauf, den Traum zu beenden, die Finger um die Ohrmuscheln gekrallt. Er zieht daran, bis es schmerzt. Es gelingt ihm nicht zu erwachen.

So plötzlich wie er begonnen hat, bricht der Lärm ab, einige Sekunden hallt es im dichten Wald nach. Otto blickt gehetzt um sich. Der Wald, das Gras, der Körper, alles wie zuvor. Otto nimmt das Fleisch seines Unterarmes zwischen Daumen und Zeigefinger und kneift, mit aller Kraft. Dabei dreht er das Fleisch, bis es sich verfärbt. Wach auf! Der Schmerz lässt ihn aufstöhnen. Otto reißt die Augen auf, als könne er damit die Szenerie verändern und wenigstens wieder zurück in den Zug gelangen.

Die Umgebung bleibt wie sie ist, der Körper im Gras, der Nadelwald im Hintergrund, sämtliche Objekte stehen ruhig und klar vor ihm, als wollten sie ihm verdeutlichen, dass er das Geschehen zu akzeptieren habe. Punkt. Das Bild ist eingefroren. Nicht das geringste Wackeln oder Flackern, keine Anzeichen einer wie auch immer gearteten Metamorphose. Otto begreift, dass dies hier nicht seinem Willen unterworfen ist. Traum hin oder her, die Ding entwickeln sich einfach. Das muss nicht heißen, dass es sich nicht doch um einen Traum handelt, denkt Otto angestrengt. Ein schwacher Versuch, der neu aufkommenden Unruhe zu trotzen, dem Irrationalen mit Logik zu begegnen. Indem er darüber nachdenkt, ist er tatsächlich geneigt, in dem Geschehen einen weiteren Beweis für ein Traumgespinst zu sehen. Bereits ein gewöhnlicher Traum ohne derart viele Verzweigungen, wie er sie erlebt, gestattet in der Regel keinen Ausbruch des Schlafenden aus diesem. Der Traum will zu Ende geträumt werden, so lange, bis die Botschaft überbracht bzw. das Tagesgeschehen verarbeitet wurde. Erst dann ist der Schläfer entlassen. Der Traum, den er soeben durchlebt, ist zudem kein gewöhnlicher Traum. Er befindet sich in einer von vielen Ebenen, die es zu durchqueren gilt. Es gibt in dieser phantastischen Welt derart viele Verzweigungen, Kreuzungen, Einbahnstraßen, Sackgassen, dass sich niemand darin zurechtfinden würde. NIEMAND. Ganz sicher handelt es sich um die seltsamste Reise, die er des Nachts jemals unternommen hat. Wäre er etwas jünger, würde er meinen, dass es sich um einen pavor nocturnus, die schreckliche Nachtangst handelt, von der hauptsächlich Kinder betroffen sind, die jedoch auch Erwachsene ihr Leben lang zu begleiten vermag.

Nun hat er als Kind wirklich unter dieser Angst und den mit ihr einhergehenden Gesichtern gelitten, doch seit der Pubertät ist er nicht mehr heimgesucht worden. Damit erscheint diese Form des Traumes unwahrscheinlich, wenn auch nicht gänzlich ausgeschlossen. Um einen luziden Traum scheint es sich gleichfalls nicht zu handeln, da er das Traumgeschehen beim besten Willen nicht zu steuern vermag. Möglich, das es sich um eine unangenehme Mixtur aus einem pavor nocturnus und einem Wahrtraum handelt, da er mitunter Erlebnisse, die er einst gehabt hat, reflektiert, wenngleich auf einer anderen Traumebene als der jetzigen. Einige der Trauminhalte sind überaus realistisch, während andere, trotz ihrer Deutlichkeit, ganz und gar kafkaesk erschienen. Hahaha, allein die Tatsache, dass er jetzt, in eben diesem Augenblick, keine fünf Schritte von dieser schrecklichen Gestalt entfernt steht und mittlerweile wieder ganz ruhig seine Wertung des Geschehens entwickelt und darüber hinaus imstande ist, sachlich darüber nachzudenken beweist, dass es sich um einen Traum handeln MUSS. Ein Traum der zwar einen Teil seines Selbst gefangen hält, jedoch nicht von seinem Verstand Besitz ergriffen hat.

Er beschließt, sich Gewissheit zu verschaffen, um auch den letzten Zweifel auszuräumen und nachsehen, was es mit dem Körper, der diese schrecklichen Töne produziert, auf sich hat. Das letzte, das er möchte, ist, dass die Träume, die ihn als Kind so häufig und nachhaltig gequält haben, erneut Macht über ihn bekommen. Das wird er verhindern. Er weiß genau, dass er seit seinem dreizehnten Lebensjahr nicht mehr von diesen Wesen geträumt hat, die des Nachts ständig um sein Bett kreisten und ihn zu berühren trachteten. Nein, das darf nicht geschehen. Otto spürt, wie er bei diesen Überlegungen geradezu gelassen wird. Die Angst vor dem Untergang seines individuellen Universums, vor den vermeintlichen Posaunen von

Jericho, sie ist wie weggeblasen. Er bringt ein schmales Lächeln zustande und tritt an die im halbhohen Gras liegende Gestalt heran. Zuerst erkennt er nicht, was dort vor ihm auf dem Boden liegt. Es ist so verschwommen vor seinen Augen, als würde er trotz starker Sehschwäche versuchen, die Welt im Detail zu erfassen. Er tritt näher heran und beugt sich herunter.

Eine menschlich anmutende Gestalt liegt im Gras, zusammen gekrümmt und anscheinend leblos. Mit leichtem Bedauern darüber, dass es ihm jetzt doch nicht gelingen wird, sich Gewissheit über Art und Ursache der vorangegangenen Szene zu verschaffen, kratzt sich Otto nachdenklich an der Nase.

Es ist nicht möglich, eine Kategorisierung der Person vorzunehmen. Handelt es sich um einen Mann oder eine Frau? Der Zweifel bringt ihn aus der Fassung. Angestrengt heftet er den Blick auf die Extremitäten der Gestalt. Verärgert erkennt er die Unmöglichkeit seines Unterfangens, trotz der von ihm wahrgenommenen Rundungen des Körpers, typische Anzeichen der Weiblichkeit, diesen im Grunde genommen, fundamentalen kognitiven Vorgang der

Wahrnehmung und Zuordnung eines Objektes mit einem entsprechend klaren Ergebnis abzuschließen.

Ist das überhaupt ein Mensch?

Das sind eindeutig Brüste, murmelt er befangen. Und doch erkenne ich eine gewisse Abstraktion des Ganzen. Da ist etwas männliches in den Zügen. Handelt es sich gar um einen Fall von Hermaphroditismus?Plötzlich ist er sich nicht einmal mehr sicher, ob das überhaupt ein Mensch ist. Die Gestalt ähnelt eher einem Entwurf als einem fertigen Produkt. Ist mehr Skizze als Ergebnis. Er bemerkt, wie sich die Rippen des Zwitters, wie er das Ding insgeheim nennt, kaum merklich heben und senken. Ein vorsichtiger Schritt, ein weiterer, den Kopf neugierig vorgestreckt. Er steht, die Füße bleiben dem Boden verhaftet, ohne sich auch nur einen Millimeter nach vorne zu bewegen.

Otto atmet flach und ist bemüht, kein Geräusch zu verursachen. Das nackte Ding wälzt sich auf den Rücken und Otto erstarrt zur Salzsäule. Ein Gesicht, nein ein Gesicht unter vielen sich fortlaufend verändernden Gesichtern, schaut ihn aus ebenso vielen Augenpaaren an. Etwas Unfassbares, nicht zu

Definierendes bewegt sich vor ihm auf dem trockenen Boden, von dürren Halmen bekränzt. Masken, im steten Wandel begriffen, starren ihn aus einem formlosen Antlitz an. Ein tiefes Stöhnen dringt aus der Brust, nein aus den sich im Zeitraffer verändernden Brüsten. Ein tiefer Ton steht vibrierend in der Luft.

Mein Gott, das ist ein Monstrum.

Im Bruchteil von Sekunden glaubt Otto, in rasch wechselnder Folge in den verzerrten Zügen des Wesens das Gesicht eines Kollegen, einen alten Freund, seine Frau Sabine, die Schwiegermutter und weitere, bekannte Gesichter zu erkennen. Dann wieder blicken ihm vollkommen unbekannte Züge aus dem Gesicht der Schimäre entgegen. Stöhnend schlägt er die Hände vor das Gesicht, unfähig diesen Anblick auch nur eine Sekunde länger zu ertragen. Er atmet in den Trichter seiner Hände, derweil ihm das Blut einem Wasserfall gleich, in den Ohren rauscht. Er reißt die Augen auf, denn das blinde Verweigern des Geschehens ist noch weniger zu ertragen als der Blick auf diese Monstrosität.

Ein Traum, ein Traum, ein Traum, hämmert es durch seinen Schädel. Hysterisches Lachen überkommt ihn.

„Das ist ein phantastischer Traum, du kannst mir nichts anhaben!", schreit er so laut er kann. Die Augen quellen ihm aus dem Kopf. Otto fühlt seinen Mund austrocknen, zur unwirtlichen Wüste werden. Die Zunge klebt ihm am Gaumen, während er die sich schlangengleich windende Gestalt mit entsetzlicher Faszination beobachtet. Der Mund der gemarterten Schimäre verzieht sich zu einem mitleidigen Lächeln, kein Zweifel. Die Lippen öffnen sich zu einem schrecklichen Laut, so will es ihm scheinen. Er hält unwillkürlich den Atem an, darauf wartend, dass ihn die Posaunen von Jericho zerreißen und vom Erdboden vertilgen werden. Doch nichts dergleichen geschieht. Das Gesicht des Dings verändert sich weiter wie ein Film im Zeitraffer. Der Ausdruck der Augen jedoch bleibt gleich. Sie betrachten ihn nachsichtig, fast mitleidig. Otto bemerkt, dass Beine und Arme ungeachtet der stetig ablaufenden Metamorphose von Kopf, Rumpf und Geschlecht ebenfalls unverändert bleiben. Dünne, blasse, von bläulichen Adern gezeichnete Arme. Die Hände eines Klavierspielers, schmale Finger kneten und rupfen unablässig das vertrocknete Gras. Die Beine ähneln denen eines Grashüpfers. Sehnig und muskulös, die langen Unterschenkel in schmale

Fesseln auslaufend, angewinkelt unter den Oberschenkeln. Bereit zum Sprung - wohin?

Etwa in eine andere Ebene seines Traumes oder in den eines anderen ahnungslos Schlafenden? Otto gelingt es nicht, seinen Blick zu lösen von den Augenpaaren, die ihn mustern, während sich das Lächeln in den oszillierenden Zügen unendlich fortpflanzt. Der Körper erhebt sich mühsam aus dem Gras, die Beine knicken ein, schleifen unruhig über den kargen Boden, die schmalen Hände tasten Halt suchend nach Ottos Hose, in der sie sich zu seinem Entsetzen festkrallen.

Otto steht bebend über der Gestalt und versucht sich einzureden, dass dies immer noch ein Traum ist und ihm daher nichts geschehen könne. Derweil streichen die langen schlanken Finger tastend, suchend über seinen Körper. Die Metamorphose beschleunigt sich, gleichzeitig zieht sich der stetig verändernde Körper mitsamt all seinen Gesichtern stöhnend ganz an Otto empor, bis sie einander Aug in Aug gegenüber stehen. Otto gelingt es nicht, sich zu bewegen, er ist zu nichts anderem fähig, als dort zu stehen wie ein festgefrorener Schneemann und das Wesen starr anzuglotzen.

Die Metamorphose neigt sich ihrem Ende entgegen. Die zahllosen Gesichter gleiten an der Gestalt, welche Otto jetzt um Haupteslänge überragt, hinab wie schmelzender Schnee, um sich wie ein weiter Mantel eins über das andere, um dessen Körper zu legen und dort langsam hin und her zu schwingen wie ein auf unerklärliche Weise in Bewegung gesetztes Windspiel. Der Kopf trägt nun ein einziges Gesicht, welches viele Ausdrücke zu vereinen scheint. Augen, klar wie Eiswasser blicken Otto aus einem androgynen Antlitz entgegen. An allen Gliedern zitternd, krächzend wie ein alter Rabe, presst Otto mit großer Anstrengung hervor: „Wer bist du?" Das Wesen betrachtet ihn gleichgültig. Der Blick der Augen dringt Otto bis ins Herz. Eine tiefe, singende Stimme erhebt sich. „Die allumfassende Weltenmutter Aditi ist Himmel, ist der Luftraum, die Aditi ist Mutter, Vater, Sohn. Die Aditi ist alle Götter und Menschen, ist was geboren ward und was da sein wird.[1]"

Unvermittelt setzt der unerträglich laute Ton ein und

---

[1] Paul Deussen, AllgemeineGeschichte der Philosophie I, 1, Leipzig 1919, S. 105.

erfüllt die Luft mit einem ansteigenden Vibrato. Tief und dumpf dringt es heraus, ein gewaltiger Posaunenton aus zahllosen Kehlen. Der Ton verwandelt sich in Glockengeläut. Blechern und scheppernd springt ihn der gewaltige Lärm an. Otto stürzt zu Boden. Blind und taub kriecht er in dem verdorrten Gras umher, bis ihm die Sinne schwinden. In seinem Kopf dröhnt es *Aditi Aditi.*

Am Himmel türmen sich Wolkengebirge. Das Licht nimmt ab, die Welt in seinem Kopf verwandelt sich in eine trostlose, graue Einöde. Die Wipfel der Tannen wiegen sich im zunehmenden Wind, der auf Orkanstärke anschwillt. Heulen und Rauschen erfüllt die Luft. Dicke Tropfen fallen aus den sich über dem Wald auftürmenden dunkelgrauen Wolkentürmen. Regen trommelt auf den staubtrockenen. rissigen Boden. Die ausgedorrte Erde kann die Wassermenge nicht aufnehmen. Schnell bilden sich Pfützen und Rinnsale, kleine Bäche entstehen, schwellen an. Die spröde Haut der Erde ist von blauen Adern durchzogen, die über die braune Krume irren auf der Suche nach Einlass in ihren Schoß. Inmitten des Geflechts aus Wasserläufen, die fortlaufend ihre Richtung ändern, liegt der auf den Namen Otto getaufte Mann. Er weiß weder wer, noch wo er ist. In seinen Ohren hallt der Lärm des einen Klangs, der alle Laute vereint, doch allmählich verebbt das Läuten der großen Glocke und weicht der Erkenntnis, dass er noch da ist, hier in diesem, seinem Traum. Benommen liegt er mit seitwärts gedrehtem Kopf in einer Lache, die Zunge tastet über den Boden, leckt das Wasser tropfenweise. Der Boden ist gesättigt von dem frischen Nass, so dass er aus der Pfütze trinken kann, bis der dehydrierte Körper nichts mehr aufzunehmen vermag und er sich würgend erbricht. Regen und Sonne im wilden Spiel mit jagenden Wolken. Blasse Sonnenstrahlen zucken zwischen geschwungenen grauen Fetzen über die dunklen Wipfel.

Der Tag neigt sich, die blaue Stunde bricht an. Mühsam erhebt sich Otto. Ob er Minuten, Stunden oder Jahre auf dem Boden gelegen hat, weiß er nicht. Das Gefühl für die Zeit ist ihm abhanden gekommen. Auf unsicheren Beinen stakst er über die Lichtung.

Auf einem großen Feldstein sitzt eine bekannte Gestalt: Prose Cutor, den Kopf in die Hand gestützt. Prose Gegenwart ist ein Umstand, der Otto nach dem zuvor Erlebten nicht zu wundern vermag. Mit gesenktem Haupt schleppt er sich näher, um neben dem bereitwillig zur Seite rutschenden Prose Platz zu nehmen. Nebeneinander sitzend schweigen sie sich in die anbrechende Nacht. Prose hält den Kopf geneigt, darauf bedacht, nichts zu versäumen.

Endlich ist die Nacht angebrochen. Otto sammelt die verbliebenen Kräfte. Er fährt sich über das Gesicht. „Großer Gott!" Ein undefinierbares Lächeln umspielt die Züge von Cutor. Da er keine Anstalten trifft, das Gespräch zu beginnen, ergreift Otto das Wort. „Was war das und wie kommen Sie an diesen Ort?" fragt er mühsam. Er fühlt sich schwach, seine Beine zittern.

Prose schüttelt den Kopf. „Haben wir uns nicht darauf verständigt, dass dies Ihr Traum ist und die Handlung somit ihrer eigenen, meinem Zugriff gänzlich entzogenen Logik entspricht?"

„Otto sieht ihn erschöpft an. „Wir haben uns auf gar nichts verständigt. Ich beginne, an Ihrer These zu zweifeln." Einer Eingebung folgend, befühlt er seine Gliedmaßen. Alles befindet sich dort, wo es sein sollte, eine Tatsache, die nur bedingt geeignet ist, ihn zu beruhigen. „Ich weiß nicht, ob es derartige Träume überhaupt geben kann, ein solches Labyrinth, eine Verzweigung führt zur nächsten, jede neue Ebene gleicht einem Erwachen und ist doch nur eine weitere Verästelung.

Ich schlage einen Weg ein und glaube, mich zurecht zu finden, schon stehe ich an der nächsten Kreuzung und muss mich entscheiden, welche Richtung ich einschlage. Soll die alte beibehalten werden oder gilt es einen Kurswechsel vorzunehmen? Wie immer ich mich entscheide, es bringt mich unweigerlich in die nächste kafkaeske Situation. Obgleich die jüngste Begebenheit mit kafkaesk absolut unzureichend beschrieben ist.

Dieses Erlebnis erscheint mir essentiell, bedeutungs- und gleichzeitig ahnungsvoll, wenn Sie verstehen, was ich meine. Besser vermag ich es nicht auszudrücken. Ich hatte das Gefühl, dieses ...Ding hätte mich mit einem Fingerschnippen hinweg fegen können aus diesem Universum. Wenn es sich bei diesem Ort überhaupt um meine Welt handelt. Ich darf Ihnen sagen, dass ich mir über nichts weniger gewiss bin, als hinsichtlich dieser einen kleinen Frage: Wo bin ich? In welchem Universum spielen sich diese Dinge ab? Bin ich durch irgend eine boshafte Laune des Schicksals in eine Spalte im Raum-Zeit-Gefüge geraten und vielleicht in eine andere Welt, ein Paralleluniversum oder einen sonstigen Raum gestolpert? Träume ich und zwar den seltsamsten Traum, den jemals irgend jemand geträumt hat? Handelt es sich um einen Traum, dann besitzt dieser Ähnlichkeit mit einem großen, von allerlei seltsamen Gestalten und Begebenheiten bevölkerten Haus. Sie merken, ich ordne den Geschehnissen körperliche Eigenschaften zu, ein Gebäude mit vielen Stockwerken und verborgene Falltüren in den Zimmern. Und was mache ich in diesem Panoptikum? Ich tappe wie ein Blinder hindurch und stürze von einem Raum in den nächsten, so dass ich nicht mehr weiß, wo unten oder oben ist. Ich weiß gar nichts mehr. Alte Gewissheiten verlieren ihren Wert, besitzen keine Gültigkeit mehr, ihre bisherige Legitimation ist ihnen abhandengekommen. Physikalische Gesetze werden auf den Kopf gestellt, als sei es nichts. Hat es Newton, einen Schrödinger, Niels Bohr oder Einstein niemals gegeben? Waren das alles nur Idioten? Gewiss ist einzig die Ungewissheit und das ist äußerst erschreckend.

Verstehen Sie überhaupt, von was ich rede? Sie, der Sie nach Ihrer These möglicherweise von mir selbst, meinem wirren Hirn und der darin hartnäckig nistenden surrealen Logik ausgebrütet wurden. Folgen wir der Annahme, die Sie selbst ins Spiel gebracht haben -übrigens erscheint mir hier die Bezeichnung „Spiel ohne Grenzen" angebracht- dann bin ich Ihr Schöpfer und Sie mein Alter Ego! Aber so sagen Sie doch etwas." Otto hat sich in eine fiebrig-erschöpfte Rage geredet. Sein Gesicht gleicht einer Novemberwetterlage. Spuren tiefer Erschöpfung werden sichtbar. Die Haut um die Augen ist dunkel verfärbt, tiefe Furchen haben sich in seine immer noch leicht blutenden Wangen gegraben.

Prose hält den Kopf in der bekannten Weise geneigt, darauf bedacht, keinen der von Otto geäußerten Gedanken zu versäumen. Das Gehörte sorgsam abwägend, nickt sein schmaler Kopf auf und ab, eine Bewegung, die von einem zufälligen Beobachter als beifällig interpretiert werden könnte. Doch so plötzlich, wie es gekommen ist, endet das mechanische Nicken.

„Es ist bedrohlich, nicht wahr?" Prose wendet sein Gesicht mit einer schnuppernden Bewegung dem neben ihm sitzenden Otto zu. „Was meinen Sie? Sie wissen schon. Die Gestalt im Gras. Sie haben an eine Schimäre gedacht, geben Sie es zu. Geschlechtslos, das Gesicht wechselnd, als wäre es nichts. Und dann dieser gewaltige Laut. Die Erde erzittert, möchte man meinen. Die Posaunen von JERICHO, denkt der Mensch. Diese Assoziation drängt sich auf, obgleich man sie doch niemals zuvor vernommen hat. Unheimlich. Man glaubt zu vergehen, zu schmelzen wie ein Stück Butter in der Sonne. Es dringt durch Mark und Bein. Gewaltig, furchteinflößend!"

Otto, tief getroffen von den Worten des Blinden, senkt die Stimme zu einem Flüstern:„Was um Himmels Willen, wissen Sie von diesem Ding? Ist es Ihnen erschienen? Woher kommt es. Was hat es für eine Bedeutung? So reden Sie doch!"

„Was ich von der Erscheinung weiß? Nun, ich habe die Ereignisse verfolgt, es gehört und ähnlich empfunden wie Sie. Allerdings war ich weiter entfernt, ein Umstand, den ich angesichts der ungeheuren Lautstärke durchaus zu schätzen weiß. Abgesehen von dem infernalischen Lärm finde ich die ineinander übergehenden Metamorphosen sehr beeindruckend.

Es ist in der Tat davon auszugehen, dass es sich um eine bedeutende, eine existenzielle Sache handelt, die mit diesem, wie sagten sie doch gleich - Ding?- verbunden ist."

Otto reagiert misstrauisch und verwirrt. „Sagten Sie nicht, Sie seien blind? Es kommt mir gerade so vor, als würden Sie recht gut sehen." Nachsichtiges Lächeln, einen sanften Tadel enthaltend. „Das habe ich nicht gesagt, Otto. Vielmehr habe ich erwähnt, ich sei nahezu blind. Doch wir sehen nicht nur mit den Augen. Genau genommen spielen uns diese sogar recht häufig einen Streich. Ich vermag, Konturen wahrzunehmen, Farben und Bewegungen, das Wesentliche eben. Überdies verfüge ich über ein ausgezeichnetes Gehör. Alles in allem erlauben mir diese Eigenschaften, mich auf den eigentlichen Kern der Dinge zu konzentrieren. Meine Augen spielen mir keine Streiche, da sie nicht in der Lage sind, optische Täuschungen wahrzunehmen. Im Gegensatz zu Ihrer, mitunter oberflächlichen Wahrnehmung, die erst durch das, was Sie mit Ihren Augen sehen, zu möglicherweise voreiligen und falschen Interpretationen angeregt wird."

„Sie meinen also auch, dass es sich bei dieser

...Schimäre, dem Wesen, um eine existenzielle Sache handelt". Flüsternd. „An was denken Sie?" Prose blickt ihn unverwandt an. Seine kurz geschnittenen Haare schmiegen sich in prächtiger Ordnung um seinen Kopf. Der Anzug sitzt ebenso tadellos wie vorhin im Zug.

War das wirklich vorhin oder ist es vor langer Zeit gewesen? Wie viele Stunden und Tage mögen vergangen sein, seit Otto das erste Gespräch mit Prose geführt hat? Das einzige, was er sicher zu wissen meint, ist der Umstand, dass der neben ihm sitzende Mann noch genauso perfekt frisiert ist, nach einem guten Rasierwasser duftet und in einem tadellos sitzenden Anzug ohne die kleinste Falte bei Wind und Wetter auf einem Baumstamm sitzt, als würde er in seinem klimatisierten Abteil ruhen und sich nicht in einer soeben von einem heftigen Regenguss heimgesuchten morastigen Gegend befinden.

Prose schüttelt lächelnd den Kopf. „Wir drehen uns im Kreis und nähern uns dem Ausgangspunkt unserer Unterhaltung. Wenn dies ein Traum ist, ist es Ihr Traum und nicht meiner. Wichtig ist nicht, was ich glaube oder denke, sondern einzig und alleine, welche Schlussfolgerungen Sie daraus ziehen." „Und wenn es keiner ist?" „Kein was?" „Kein Traum." In den grau-grünen Augen blitzt Interesse auf. „Um was könnte es sich sonst handeln?"„Ich weiß nicht, bin mir nicht sicher." Otto merkt, dass er an der Fingernägeln knabbert, eine Angewohnheit, der er als Kind zum Leidwesen seiner Mutter mit stoischer Hingabe nachging, die er im Laufe der Pubertät jedoch abzulegen vermochte. Er hält inne, betrachtet den eingerissenen Nagel des Mittelfingers, steckt diesen nach kurzer Überlegung erneut zwischen die Zähne und vollendet sein Werk.Prose feines Gehör hat das Geräusch richtig zugeordnet. „Sie sollten das nicht tun", stellt er nüchtern fest. Aus dem Alter sind Sie längst raus."

„Was geht das Sie an. Das ist mein Traum, wenn es denn einer ist." Otto zieht eine Grimasse. „Sie haben die mit Ihrer Frage verbundene Vermutung noch nicht geäußert. Ich bin sehr gespannt darauf, für was Sie dieses Ding halten. Schließlich geben Sie vor, Teil meines Traumes zu sein. Antworten Sie." Otto nimmt sich den nächsten Nagel vor, schält mit den Zähnen ein schmales, ungleichmäßig verlaufenes Stück von seinem kleinen Finger und spuckt es in hohem Bogen in das feuchte Gras. „Sie wollen nicht reden? Dann beantworte ich meine Frage selbst. Ein Wesen aus einer anderen Welt, aus dem Himmel, vielleicht aus der Hölle. Irgend so etwas, möchte ich meinen. Jedenfalls verursacht es mir Angst, alleine wenn ich daran denke. Wie es sich an mir hochgezogen und mich angeblickt hat. Himmel, ich dachte, ich würde sterben, das Ding zerschmettert mich, habe ich gedacht, aber dann waren da diese Augen. Sie waren sanft und tief. Unergründlich und doch ganz klar. Ich habe hinein gesehen wie in einen tiefen, von keinerlei Verunreinigungen getrübten See. Und in diesem Augenblick haben die Verwandlungen aufgehört. Die vielen Gesichter wurden zu einem. Es blieb nur dieses eine Gesicht und zwei Augen, aber es kam mir vor, als würde es alle anderen Wesen, die an dem einen irgendwie herunter gerutscht sind und um seinen Körper schwangen wie eine Kette, in sich vereinen. Es war ein gewaltiges Erlebnis, etwas, das die Grenzen eines Traumes sprengt und ihn wahr werden lässt. Es hat mich erschüttert bis ins Mark, nein, was rede ich, bis in den letzten Winkel meiner Seele. Es hat mich angeschaut und...alles verstanden. Und es hat etwas gesagt. Haben Sie gehört, was es gesagt hat?"

Prose schüttelt den Kopf. Otto sieht ihn eindringlich an. "Die Weltenmutter Adita ist allumfassend." Sagt Ihnen das etwas?"

„Ja. Aber der Name ist Aditi. Das ist eine Mutter- und Himmelsgöttin der hinduistischen Mythologie. Sie wird in den Veden besungen." Otto sieht ihn ratlos an. Prose verfügt offenbar über eine exzellente Bildung.

"Noch nie gehört." „Die Veden, die heiligen Lehren, sind eine über viele Generationen mündlich überlieferte und erst spät verschriftete Sammlung von religiösen Texten im Hinduismus. Den Kern der Veden bilden die Offenbarungen." „Was habe ich mit dem Hinduismus zu tun?" fragt Otto. Prose lacht leise. „Noch einmal. Dies ist nicht mein Traum. Wir drehen uns im Kreis." Otto zuckte die Achseln. „Es war wirklich unglaublich. Wie mich dieses Wesen ansah, da wurde mir schwindlig und ich konnte nicht länger in seine Augen schauen. Weiter kann ich mich nicht erinnern."

Prose nickt bedächtig mit dem Kopf. „Was hat es verstanden, dieses Wesen, was meinen Sie?" „Ich meine, es hat über mich Bescheid gewusst. Es hat mich angeschaut und erkannt. Alles, was mich ausmacht, meine Fehler und Schwächen, Ängste. Die Furcht, die ich vor ihm empfunden habe, hat sich in seinen Augen gespiegelt. Mit seinem Blick hat es mich seziert. Ich weiß nicht, was es gewesen ist, aber seine Macht muss ungeheuerlich sein, die Grenzen eines Traumes und ist er noch so verschlungen, scheinen für dieses Wesen überhaupt nicht zu existieren. Undenkbar, dass sich mein Gehirn diese Szene ausgedacht haben soll, mag es zur Zeit auch mehr als nur durcheinander zu sein."

„Oh, ein Gehirn ist zu ganz erstaunlichen Dingen in der Lage" sagt Prose. "Unterschätzen Sie seine Fähigkeiten nicht."

Otto fröstelt bei den Gedanken an das Wesen mit den zahllosen Gesichtern. Unsicher blickt er sich um, doch da ist nichts. Der Wind streicht durch die Wipfel der Nadelbäume, tiefe Haufenschichtwolken ziehen über einen blau-grauen Himmel, ab und zu blitzt die Sonne durch die gemächlich auseinander driftenden Stratocumulus-Gebirge.

Große Müdigkeit überkommt ihn von neuem. Er fühlt sich erschöpft. Immerzu ist er müde. Ein Gefühl der Wärme und Geborgenheit umfängt ihn so plötzlich wie ein Wolkenbruch. Der Akku ist leer, Die

Augenlider, er kann sie nicht aufhalten, so schwer sind sie. Prose breitet sein Jackett im Gras aus. „Ruhen Sie sich eine Weile aus, Otto. Das wird Ihnen gut tun. Lassen Sie sich einfach fallen. Ich werde bei Ihnen bleiben und aufpassen.“

Otto sinkt auf das Jackett. Er dreht sich auf die Seite, die Knie angewinkelt, ein angenehmer Geruch steigt aus dem weichen Stoff. Er kennt diesen Duft, doch bevor er sich darüber klar wird, woher die Erinnerung stammt, schläft er bereits. Kein Traumgespinst stört seinen Schlummer und er sinkt tief hinab auf den Grund seines Selbst.

Prose streckt die Beine von sich. Leise spricht er. "Der Oden gibt und Kraft gibt, er, dem alle, wenn er befiehlt, gehorchen, auch die Götter, des Abglanz, das Unsterbliche, der Tod ist. Wer ist der Gott, dass wir ihm opfernd dienen?[2]"

---

[2]   Paul Deussen,Die Geheimlehre des Veda, Leipzig 1921, S. 4 ff.

Die goldene Stadt X.

Schlagen und Stoßen, zunächst weit entfernt, sich langsam nähernd. Sanftes Schaukeln mischt sich mit einem rhythmischen Klopfen. Er liegt in seinem Bett. Jemand klopft an das Fenster. In Wellen kreist das Geräusch in seinen Bewusstseinshorizont. Es gelingt ihm nicht, sich zu erheben. Etwas Schweres hält ihn zurück. Er kämpft, um an die Oberfläche zu gelangen. Schicht um Schicht zerreißt, je näher er sich voran arbeitet. Der Kopf rutscht auf die Seite, der Körper folgt. Ein bohrender Schmerz in den Rippen. Der Schädel ist unerträglich schwer, unmöglich, ihn auf den kraftlosen Schultern zu balancieren, gleich wird er abfallen und unter das Bett rollen. Gegen das Gewicht, das ihn erneut herabzuziehen droht ankämpfend, taucht Otto endlich aus der lähmenden Tiefe empor. Die Sitzlehne sticht penetrant in seine Seite. Mühsam rappelt er sich auf, lauscht den Geräuschen des fahrenden Zuges. Der Nacken schmerzt. Stimmen dringen an sein Ohr. Er öffnet die Augen. Einige Minuten sitzt er wie betäubt und blickt aus dem Fenster. Bäume und Sträucher, eine kleine Siedlung zieht vorbei. Der Wagen ist halb gefüllt. Angeregte Unterhaltungen, Gelächter von Kindern.

Niemand achtet auf ihn. Bis auf den Mann mit dem gepflegten Haarschnitt, der ihm gegenüber sitzt und ihn freundlich-distanziert betrachtet. Er starrt den Mann an, sein tadellos sitzendes Jackett, die bordeauxrote Krawatte.

„Haben Sie gut geschlafen, Otto?" Er fährt zusammen, ist noch nicht ganz angekommen im Hier und Jetzt. Der Hals ist ausgedörrt. Er bestellt bei der sich mit einem widerspenstigen Rollwagen durch die Gänge mühenden Servicekraft eine Flasche Mineralwasser. Das Getränk sprudelt in das hohe, schmale Glas. In tiefen Zügen trinkt er. Er muss aufstoßen. Otto lächelt entschuldigend. „Fühle mich, als hätte ich einen zehn Kilometer langen Lauf durch die Wüste absolviert. Mein Gott, ich habe tatsächlich geschlafen. Sehr gut sogar. Wie lange war ich weg?"Der Mann in dem dunkelblauen Anzug nickt lächelnd.

„Genau genommen waren Sie die ganze Zeit hier. Oder haben Sie das Gefühl, weggewesen zu sein?"„Ich weiß nicht. Ich spreche nicht von körperlicher Abwesenheit. Dachte mehr ans Wegtauchen. Ich habe eine ganze Zeit geschlafen?"„Oh ja, einige Stunden waren Sie bestimmt unterwegs, wohin auch immer. Doch was bedeutet Zeit."

Otto beugt sich nach vorn. „Wie meinen Sie das? Unterwegs. Bin ich schlafgewandelt, durch die Gänge spaziert, etwas in der Art?"Das Lächeln wächst sich aus zu einem Lachen, die Hände vollführen eine beschwichtigende Geste. „Nein, das nicht. Sie waren hier, zumindest körperlich. Wohin Ihr Geist entschwunden ist, kann ich allerdings nicht sagen." Otto betrachtet sein Gegenüber mit gespannter Aufmerksamkeit. In seinem Kopf beginnt sich das Rad der Erinnerung zu drehen, behutsam setzt es sich in Bewegung. Ich kenne den Mann. Woher nur? Habe eine Menge verrückter Sachen geträumt, kriege nicht mehr alles zusammen. Bin irgendwo durch einen Wald gelaufen. Da war diese Erscheinung, das Wesen mit den vielen Gesichtern und der Mann war ebenfalls dort. Er hat mir seinen Namen genannt. Wo habe ich ihn ursprünglich kennen gelernt? Richtig, vor dem Wald war ich in der Eisenbahn. Dort habe ich diese schauerliche Sache gesehen, das Becken, gefüllt mit toten Leibern. Der Mann war auch da, in diesem Zug. Wie bin ich in den Wald gekommen? Was für ein schrecklicher Traum. Einer Eingebung folgend, knöpft er sein Hemd auf, tastet mit den Fingerspitzen über die nackte Haut seiner Brust. Keine Narben oder Striemen, nicht die Spur einer Verletzung. Der Mann auf dem gegenüberliegenden Sitz betrachtet ihn amüsiert. „Alles in Ordnung?“

„Entschuldigen Sie, ich habe in letzter Zeit einiges erlebt und bin ein wenig durcheinander. Kennen wir uns wirklich? Mir ist, als hätte ich Sie bereits gesehen. Vermutlich haben wir uns im Zug kennen gelernt. Sie müssen entschuldigen, ich muss Ihnen seltsam vorkommen. Irgendetwas ist heute mit meinem Kopf.“ Verbindliches Lächeln. Der Blick ist ernst, ein wenig distanziert nach wie vor und dennoch meint Otto, einen Ausdruck aufrichtiger Empathie zu erkennen.

„Ich bitte Sie. Wenn man solche Dinge wie Sie erlebt hat.“ Otto stutzt. "Ja, wir kennen uns, Otto, mein Name ist...“ „Prose...,“ sprudelt es aus Otto heraus. Das Rad in seinem Kopf dreht sich schneller. Die Zunge klebt schon wieder am Gaumen. Otto leert den Rest des Mineralwassers, trinkt aus der Flasche. Hoffnung regt sich in ihm, es wird sich alles aufklären, sie haben sich bekannt gemacht, bevor er eingeschlafen ist und dieses fürchterliche Zeug geträumt hat. Obwohl er doch tief und fest geschlafen hat. Nachdem der Traum im Wald ausgeträumt war, hat er ganz passabel geruht.

Tief und fest geschlafen sogar. An einen Traum unmittelbar vor dem Erwachen vermag er sich nicht zu entsinnen. Das ist gut. Erwartungsvoll, fast flehend blickt er den Mann in dem tadellos sitzenden, dunkelblauen Anzug an. Sein Blick erscheint durchaus geeignet, das Gegenüber an ein Hundewelpen zu erinnern, welches sein Herrchen durch den sich auf seinem Gesicht widerspiegelnden Ausdruck der Hilflosigkeit zu einer dem Wohle des Welpen dienenden Handlung zu motivieren beabsichtigt.

Hilfe, signalisiert auch der Ausdruck in Ottos Augen. Hilf mir auf die Sprünge. Nein, das Mitgefühl in Prose Augen ist nicht gespielt. Warmherzig und gleichzeitig sachlich-kühl (eine seltsame Kombination) betrachtet er Otto mit aufrichtigem Interesse. Er könnte Arzt sein, blitzt es durch Ottos Kopf. Vielleicht Philosoph.

Prose Antwort beendet die Spekulationen. „Ich bin Ankläger in einem Gerichtshof. Ich trage be- und entlastendes Material zusammen, damit das Gericht zu einem gerechten Urteil gelangen kann."

Ottos Gesicht hellt sich auf. „Sie sind Staatsanwalt!" Prose lächelt fein. „Das kann man so sagen." „Dann haben Sie sicher schon viele interessante Fälle erlebt." „Oh ja. Das kann ich mit Fug und Recht behaupten."

Otto denkt nach. Was ist der kniffeligste Fall gewesen, den sie jemals zur Anklage gebracht haben?" „Das lässt sich einfach beantworten. Der kniffeligste Fall ist immer der jeweils aktuelle. Es gibt so viel zu bedenken. Jedes Verfahren unterscheidet sich vom anderen." Otto schaut enttäuscht. „Aha. Haben Sie denn schon einmal daneben gelegen?" Prose schüttelt entschieden den Kopf. „Nein. Beweisaufnahme und Befragung sind immer sehr gründlich. Ich nehme mir die Zeit, die ich benötige. Fehler sind bislang nicht vorgekommen."

Otto ist beeindruckt. Eine Zeitlang schweigen die Männer. Dann ergreift Prose das Wort. „Wenn man, wie Sie, seltsame Dinge erlebt, ist es vollkommen verständlich, dass sich eine gewisse Desorientierung einstellt. Denken Sie an die Vielschichtigkeit der

Ereignisse." Otto sieht ihn fragend an. Sein Gedächtnis lässt ihn im Stich. „Habe ich mich mit Ihnen darüber unterhalten?" „Aber sicher. Woher sollte ich das sonst wissen." Das leuchtet Otto ein. „Das Geschehen im Zug haben Sie mir beispielsweise sehr ausführlich geschildert. Die Wagen waren zunächst leer und dann voller Passagiere. Das eigentlich Seltsame an diesem Abschnitt der Reise ist der von Ihnen dargelegte Umstand, dass ich in beiden Varianten zugegen war. Entsinnen Sie sich?"

Otto hebt erstaunt den Finger. „Jetzt erinnere ich mich, dass wir darüber gesprochen haben. Seltsam. Wie konnte ich das nur vergessen." Prose nickt nachsichtig. „Das ist menschlich. Sie wandern durch den Zug und die einzige Konstante scheine ich zu sein, da ich in beiden Variationen auf meinem Platz sitze. Nicht, dass ich die Ereignisse in irgend einer Weise beeinflusst hätte. Diese meine Anwesenheit hat uns jedenfalls gemeinsam zu der Schlussfolgerung geführt, dass es sich um einen Traum, und zwar um Ihren Traum handeln könnte. Aber was für ein Traum mag das sein. Wie viele Ebenen haben Sie durchschritten: Das Becken mit den Körpern, den Tannenwald. Die Erscheinung. Wie haben Sie selbst gesagt? Eine Schimäre. Sie erinnern sich? Ah, ich sehe an Ihrem Gesichtsausdruck, dass Sie sich erinnern. Sie werden blass. Ist Ihnen nicht wohl? Warten Sie, ich werde Ihnen noch ein Wasser bringen lassen. Hallo, Bedienung. Bitte noch ein Wasser für diesen Herren. Vielen Dank, nein es ist weiter nichts vonnöten. Er wird sich gleich besser fühlen. Sehr aufmerksam von Ihnen. Ja, auf Wiedersehen. Trinken Sie, trinken Sie. So, ja, sehen Sie. Es geht doch. Sie sehen schon besser aus, die Farbe kehrt zurück. Die Farbe ist ein zuverlässiger Indikator für den Zustand des Reisenden, sage ich immer. Haha, Sie werden sich doch nicht unterkriegen lassen, von ein paar, nun ja Visionen."

Das Rad dreht sich langsamer. Der Schwindel weicht. Otto wird bewusst, dass dies die längste Rede ist, die Prose an einem Stück gehalten hat, seit er ihn kennt. Kenne ich ihn wirklich oder kennt er mich? Er ist der Staatsanwalt, der Ermittler. Nicht ich. Dieser Satz kreist durch seinen Kopf. „Dann ist es wahr." „Nun, so wahr ein Traum oder meinethalben eine Vision nur wahr sein kann."

Ehe Otto dazu kommt zu antworten, hält der Zug mit quietschenden Bremsen. Otto kann sich nicht erinnern, dass sie bislang in einer Stadt gehalten haben. Es muss sich um einen wirklich großen Bahnhof handeln. Gedämpftes Stimmengewirr allenthalben. Ein Summen und Brummen wie von tausenden Insekten. Ein Großstadtbahnhof hat einiges mit einem Bienenkorb gemeinsam. Mein Gott, was für eine riesige Halle. Das Dach hat ungeheure Ausmaße. Dies ist der größte Bahnhof, den ich jemals gesehen habe. Ein Labyrinth von Treppen. Hier gibt es bestimmt mehr als zwanzig Bahnsteige. Dafür fehlen Werbetafeln und Hinweisschilder. Seltsam. Wo ist die Anzeigetafel?

Nichts, so sehr er auch den Kopf verdreht. Der Bahnsteig ist von Reisenden bevölkert. Frauen, Kinder, Männer, Jung und Alt eilen geschäftig vorüber. Einige Kinder halten Stofftiere in den Armen, der eine oder andere Reisende trägt einen Rucksack. Großes Gepäck führt niemand mit. Vermutlich Pendler. Die haben nie mehr als nötig bei sich. Eine Durchsage ertönt. Otto kann nicht verstehen, was gesagt wird. Wo sind wir? Muss ich aussteigen? Ich sehe kein einziges Hinweisschild. Wo ist der verdammte Schaffner?„Welche Station ist das? Sind wir schon da?“

„Kommt darauf an, wo Sie hin wollen, Otto.“
„Ich weiß nicht, wo ich hinmöchte. Ich weiß ja noch nicht einmal, wo wir sind. Können Sie eine Anzeigetafel entdecken, Prose?“„Warten Sie, ich sehe nach. Nein, ich sehe nichts. Aber ich bin bereits einige Mal hier gewesen. Um der Wahrheit zur Ehre zu gereichen, sogar sehr oft. Ich finde mich auch so zurecht. Wir sind auf Gleis 5 eingefahren.“ „Gleis 5. Aber wo sind wir denn jetzt. In welcher Stadt? So sagen Sie es doch!“ Otto ist erregt aufgesprungen.

Prose beschwichtigt. „Wir sind in der Stadt X. Wenn das wirklich Ihre Station ist, sollten Sie sich beeilen. Der Zug hält nicht lange.“ „Von dieser Stadt habe ich noch nie gehört. Wie kann das sein?“„Lieber Otto, das dürfen Sie mich nicht fragen. Sie wissen doch. Ihr Traum oder Ihre Vision, wenn Ihnen das mehr behagt“. „So träume ich noch? Mir ist, als sei ich erwacht!“

„Was hindert Sie dann daran, diesen Zug zu verlassen? Sie stehen bereits. Gehen Sie zur Tür, steigen Sie aus. Überzeugen Sie sich." „Wovon soll ich mich überzeugen?" "Von was immer Sie möchten." „Ich bin mir nicht sicher, ob ich das möchte, ob ich aussteigen soll. Vielleicht sollte ich weiter fahren. Der Zug fährt doch weiter?"

„Sicher fährt er weiter. Er hat sein Ziel noch lange nicht erreicht." „Es wird also eine andere Station kommen oder nicht?"„Das ist schwer zu sagen, ob der Zug auf dieser Fahrt noch einmal hält. Mal stoppt er, dann wieder nicht." „Fährt dieser Zug nicht nach einem festen Fahrplan so wie andere Züge auch? Er muss doch irgendwann die nächste Station erreichen. Es wird doch wohl einen Anfangs- und einen Endpunkt auf dieser Reise geben. Irgend ein Ziel."

„Nun, ein Ziel gibt es, selbstverständlich. Was Anfangs- und Endpunkt anbelangt, bin ich mir nicht so sicher. Da mag die Wahrheit im Auge des Betrachters liegen. Stellen Sie sich eine Kreislinie vor. Auf dieser gibt es verschiedene Punkte, ob es sich hierbei jedoch um einen fest zu definierenden Beginn oder aber um das Ende von irgend etwas handelt, ist fraglich. So verhält es sich vielleicht auch mit diesem Zug. Seine Stationen orientieren sich an den Reisenden. Mal hält er hier, ein anderes Mal dort. Die Reiseplanung ist sehr individuell. Aber eines ist gewiss. Auf der Rückfahrt wird dieser Zug wiederum hier halten. Mehr vermag ich nicht zu sagen. Aber mein Geschwätz entbindet Sie nicht von Ihrer Entscheidung. Steigen Sie aus, treten Sie auf den Bahnsteig, verschaffen Sie sich weitere Informationen, um zu einem Entschluss zu gelangen. Wenn Sie sich beeilen, schaffen Sie es zurück, bevor der Zug weiter fährt, falls Sie dies wünschen. Etwas Zeit verbleibt Ihnen. Andernfalls bleiben Sie hier. Ganz wie es beliebt. Trauen Sie sich. Wir haben hinlänglich über die Wahrscheinlichkeit eines vielschichtigen Traumgeschehens diskutiert. Sie glauben, dass dieses nunmehr beendet ist. Beweisen Sie, dass Sie nicht länger wie eine Fliege im Bernstein ihres Traumes gefangen sind. Zeigen Sie, dass das Harz noch flüssig ist und Sie aus Ihrem derzeitigen Gefängnis zu fliehen imstande sind. Durchbrechen Sie die Mauern des Kerkers, der Ihre Seele gefangen hält."

Otto tritt dicht vor Prose, er beugt sich hinunter und blickt ihm in das Gesicht. Er ist wütend. Ein Geruch steigt ihm in die Nase, er erinnert sich an das Jackett auf dem Gras inmitten des Waldes, auf dem er sich zum Schlaf niedergelegt hat. Ein balsamisch-warmer, würzig-süßer Duft mit einer ganz leicht stechenden Note. Eine entfernte Ahnung, die sich langsam verdichtet. Myrrhe, Harz und eine Spur Schwefel. Das markante Kinn von Prose reckt sich vor. Otto spürt erneut Ärger aufkeimen. Warum drängt er mich? Glaubt er, ich bin nicht in der Lage, diesen Zug aus freien Stücken zu verlassen? Er sieht Prose so entschlossen wie möglich in die Augen. Dieser erwidert seinen Blick ungerührt. „Hören Sie. Ich werde diesen Zug verlassen und mich auf dem verdammten Bahnsteig umsehen. Und wenn mir gefällt, was ich sehe, können Sie den Rest der Reise alleine absolvieren. Eines sollen Sie auf jeden Fall wissen. Wie immer ich mich entscheiden werde, es wird meine eigene Entscheidung sein."

„Ja sicher doch", erwidert Prose. „So soll es sein." Otto wendet sich zum Ausgang. Er muss unbedingt das letzte Wort haben, denkt er. Sei's drum. Wollen doch mal sehen, ob dies ein Traum ist oder nicht. Den Gang hinunter zur Tür. Lautlos gleitet die große Glasscheibe auf. Er geht vorbei an Menschen, die in den Zug drängen, eine letzte Tür, dann der

Bahnsteig. Otto schlendert außen am Zug entlang. Hinter einem der Fenster sitzt Prose und betrachtet ihn neugierig. Ein Gefühl des Triumphes perlt in Ottos Brust. Wild und überschäumend wie ein hastig eingeschenktes Glas Sekt. Ich bin frei. Kann tun und lassen, was ich will. Niemand zwingt mir seinen Willen auf. Der Mensch entscheidet selbst. Ein selbstbestimmtes Wesen. Bin meinem Käfig entflohen. Wollen mal sehen, wo wir sind. Sein Herz klopft. Er steuert auf die Wandelhalle des Bahnhofs zu. Prose nachdenkliches Gesicht hinter der Scheibe schrumpft mit zunehmender Distanz zu einem hellen Fleck. Am Ende des Bahnsteiges geht es eine große Treppe hinauf, welche auf einen breiten Quergang mündet. Von hier führen Abzweigungen zu den einzelnen Gleisen und in die verwinkelte Weitläufigkeit des Bahnhofs. Über ihm erhebt sich eine gewaltige gläserne Kuppel. Ein wahrer Himmel aus weißem und bernsteinfarbenem Glas, auf welches die Sonne Myriaden leuchtender, kleiner Sterne projiziert. Otto fühlt sich an die prächtig bemalte Decke der New Yorker Grand Central Station erinnert, doch diese Sterne hier sind einzig der Leuchtkraft der Sonne sowie dem verwendeten Glas und keinem künstlichen Licht geschuldet.

Niemals zuvor hat Otto durchbrochenes Glas auf einer derart großen Fläche gesehen. Von seiner Position aus betrachtet sieht es aus wie Diatret-Glas. Kann das sein? Die Glaskuppel misst mindestens fünfhundert Meter in der Länge und dreihundert Meter in der Breite. Ein Bahnhof mit unglaublichen Dimensionen. Was für ein versierter, visionärer Bauherr muss hier am Werk gewesen sein. Ein Meister seines Fachs. Otto nimmt die große Treppe im Laufen. Der süße Geschmack der Freiheit perlt immer noch in seiner Kehle. Er ist beschwingt und lacht den Leuten, die ihm entgegen kommen, fröhlich zu. Was für ein Tag. Wie herrlich es ist, einfach durch diesen prächtigen Bahnhof hindurch und die Treppe hinauf zu laufen, einem neuen Tag seines Lebens entgegen. Er fühlt sich wie ein Kind. Optimistisch und neugierig, voller Spannkraft, bereit das zu tun, was nötig ist, um diesen Ort und den silbrig-glänzend am Bahnsteig wartenden Zug zu verlassen, den Käfig, der ihn gefangen gehalten hat, die stromlinienförmig gewordene Zeitlosigkeit, den Schauplatz eines nicht enden wollenden, dornig verzweigten Traumes.

Ein kleines Mädchen an der Hand seiner Mutter kommt ihm entgegen, blickt strahlend auf, als könne es seine Gedanken lesen. Otto streicht dem Kind über das seidig glänzende, braune Haar, lächelt der Mutter zu, die seinen Blick freundlich erwidert, eilt weiter den Quergang entlang, vorbei an zahlreichen Reisenden. Heute scheint jeder gut gelaunt. Die meisten Augen leuchten vor Freude. Was für ein Tag. Otto registriert erneut, dass niemand einen Koffer trägt. Nun ja, unter der Woche verkehren viele Pendlerzüge. Was braucht es da großes Gepäck. Die große Uhr an der Wand ist um zwölf Uhr stehen geblieben. Seltsam. Immer dieselbe Uhrzeit. In der Mitte der Wandelhalle ein mobiler Stand der Bahngesellschaft, davor ein Schild mit der Aufschrift Information. Otto reiht sich in die Schlange der Wartenden. Es dauert nicht lange. Hinter dem Schalter ein älterer Mann. Eine dunkelblaue Mütze auf dem Kopf. Brille mit runden Gläsern, freundliche Augen.

„Was kann ich für Sie tun, mein Herr?" „Ich möchte wissen, was dies für ein Bahnhof ist und wohin der nächste Zug fährt." „Dies ist der Bahnhof der Stadt X. Zwei Züge stehen zur Abfahrt bereit. Bei dem einen kann es dauern. Ein Reisender fehlt noch. Dieser Zug wartet auf Gleis 5." Was für ein kundenfreundliches

Unternehmen. Otto kann es nicht fassen. Die warten tatsächlich auf einen einzelnen Reisenden. Bestimmt handelt es sich um einen Staatsgast oder eine andere wichtige Person. Was geht es ihn an.

„Gleis 5 sagen Sie. Dort bin ich ausgestiegen. Und der andere Zug?"„Der steht auf Gleis 21. Aber ich weiß nicht, ob diese Bahn in Ihre Richtung fährt. Darüber hinaus fahren in nächster Zeit mangels Auslastung keine weiteren Züge." Mangels Auslastung! Mein Gott, hier hat die Qualitätskontrolle Wirkung gezeigt. Das lief früher wirklich anders, denkt Otto. Das nenne ich Prozessoptimierung. Woher will der Knabe überhaupt wissen, wo ich hin möchte. Ein Lachen kitzelt seine Kehle. Er beherrscht seine Heiterkeit. „Wo wollen die ganzen Leute hin, wenn doch nur zwei Züge abfahren?"

„Oh das sind Reisende, die vor kurzem angekommen sind. Die meisten haben ihr Ziel erreicht, einige fahren morgen weiter und ein paar sicher auch mit dem späten Zug auf Gleis 21. Jedenfalls erkunden viele zunächst den Bahnhof und die Umgebung, bevor sie ihre Reise fortsetzen. Das Gebäude ist ja auch wirklich prachtvoll, finden Sie nicht?" „Doch, das finde ich. Äußerst beeindruckend. Wo finde ich Gleis

21?"

„Am Ende der Halle. Ganz rechts. Circa zweihundert Meter entfernt von hier. Dann fährt der Zug, mit dem ich gekommen bin, ohne mich weiter, denkt Otto. Einsteigen werde ich nicht mehr. Muss mir erst Gewissheit verschaffen wo ich hier bin, ob ich träume oder wache. So soll es sein. Der Entschluss steht fest. „Wo befindet sich der Ausgang?"

„Es gibt zwei Möglichkeiten. Ausgang A ist von hier aus näher. Dann gibt es im Anschluss an Gleis 21 noch einen Ausgang B. Bei letzterem handelt es sich um den Nebeneingang. Er wird nicht so stark frequentiert." Otto entscheidet sich für den näher gelegenen Ausgang. Der Quergang mündet in ein weitläufiges Delta, eine Halle in der Halle, von welcher wiederum verschiedene Gänge, Treppen und Tunnel in andere Stockwerke des Gebäudes führen.

Die Wände bestehen aus reich verzierten Intarsien. In der aus gelacktem Holz und Elfenbein gefertigten Verkleidung der großen steinernen Säulen und Torbögen finden sich sorgfältig eingearbeitete Perlmuttelemente, Korallen, Schmucksteine und Edel-Metalle. Otto spaziert ehrfürchtig über die aus poliertem Carrara-Marmor gefertigten Fußböden. Die Halle ist geflutet vom warmen Licht der Nachmittagssonne, deren funkelnde Strahlen durch das durchbrochene Glas der majestätischen Kuppel einen goldenen Schimmer erhalten. Reisende durchqueren die Halle, spazieren durch die Gänge, streben gemeinsam mit ihm dem Hauptausgang zu. Einzelne Schilder werden sichtbar. Erste, eher versteckte Hinweise auf die Bahnsteige. Was vollkommen fehlt, sind Abfahrttafeln. Erstaunlich, angesichts der Vielzahl der Gleise. Otto verlangt es nach etwas Salzigem.

Er durchquert die Halle, erwirbt an einem Stand eine Tüte Erdnüsse und eine Dose Bier und setzt sich auf eine Marmorbank seitlich des Ausgangs. Von hier kann er das Geschehen ungestört beobachten und gleichzeitig ein wenig ausruhen. Niemand beachtet ihn.

Bewundernd lässt er den Blick schweifen. Dieser Bahnhof ist wahrlich gigantisch. Das er nie von der Stadt X. gehört hat, ist erstaunlich. Der Baumeister des Gebäudes muss ein Genie gewesen sein. Wann diese Halle wohl errichtet wurde?

Wie fröhlich die Menschen aussehen. Sie strömen durch die Halle und gleichen dabei einem silbrig glänzendem Schwarm kleiner Fische. Alle sind geduldig, niemand drängelt und doch scheinen alle zu wissen, wo ihr Platz in dem Schwarm ist. Erstaunlich diszipliniert sind die Menschen hier. Es ist schön, einfach nur zu sitzen, zu schauen und hin und wieder am Bier zu nippen. Sollen die Züge fahren, wohin sie wollen. Ich werde mich erst einmal in Ruhe umsehen, denkt Otto. Die Stadt interessiert mich. Vielleicht suche ich mir ein Hotel für die Nacht. Die Dose ist eiskalt und klebt an den Fingern. Es ist ein gutes Gefühl, die kalte Flüssigkeit in die Kehle zu gießen. Er hat lange kein Bier mehr getrunken. Die salzigen Nüsse runden den Genuss ab. Eigentlich braucht es nicht viel, um zufrieden zu sein. Es herrscht ein stetes Kommen und Gehen. Die Reisenden sammeln sich vor der großen Drehtür des Haupteingangs und gleiten hindurch, um sich auf den Wegen und Plätzen vor dem Gebäude zu verteilen.

Zwei Bahnhofsseiten sind durch kunstvoll angelegte Arkadengänge geprägt, in denen Schaufenster, mehrere Geschäfte, ein Friseur und ein Blumengeschäft zu sehen sind. Die seitlich offenen

Gänge werden von reich verzierten Bögen dominiert, die Otto aufgrund ihrer Form an die Arkaden der schlesischen Stadt Landeshut erinnern, die er einst besucht hat. Er entsorgt die leere Dose, knüllt das Paket mit den restlichen Nüssen in der Hosentasche zusammen und schlendert Richtung Ausgang.

Im Moment des Eintauchens in den dem Ausgang zustrebenden Schwarm beginnt sich dieser zu teilen und nachdem er seinen Platz gefunden, wieder um ihn zu schließen. Sanft wird er durch die Tür geschoben, das Nadelöhr, welches jeder, der nach draußen möchte, passieren muss und findet sich unversehens im hellen Tageslicht wieder. Der Lärm des Bahnhofes verstummt.

Hier draußen ist es idyllisch, kein Fahrzeuglärm zu hören. Otto geht einige Schritte zurück, um die vollen Ausmaße des soeben verlassenen Gebäudes zu erfassen. Es gelingt ihm selbst nach zweihundert Metern nicht, zu gewaltig, zu verzweigt ist der vor ihm liegende, steinerne Koloss, der gelassen auf seinem Fundament ruht.

Otto steht auf einem großen, mehrere hundert Schritte messenden Platz, seitlich begrenzt von

Rasenflächen sowie einer Efeu umrankten, geschwungenen halbhohen Mauer. Im Hintergrund einige niedrigere Gebäude. Fußgänger flanieren gemächlich über den Platz. Es tut gut, die frische Luft zu atmen. Otto blinzelt in die Sonne. Ihrem Stand nach zu urteilen, ist es immer noch Mittag. Ein Stück hinter den Rasenflächen blitzt abseits das Wasser eines Flusses in der Sonne. Langsam schreitet er über den saftig grünen, gepflegten Rasen, der zum Ufer leicht abfällt. Am Wasser angekommen, sucht er sich eine ruhige Stelle, entledigt sich seiner guten braunen Schuhe und der Socken, die er sorgsam in die Schuhe steckt. Die Hosenbeine hochgekrempelt stakst er vorsichtig durch das seichte Wasser, das seine erhitzten Füße umspült. Es ist klar und erlaubt dem suchenden Blick bis auf den Grund zu sehen. Nahe der Böschung wedeln Forellen in der Strömung, die Sonne glitzert auf der leicht gekräuselten Oberfläche. Wie gerne würde er seine Sachen ablegen und ein wenig schwimmen. Das Wasser ist nicht kalt. Die Strömung ist nicht stark, so dass er ohne Gefahr bis zum anderen Ufer gelangen könnte. Es ist höchstens dreißig Meter entfernt. Aber was werden die Leute sagen, wenn er sich auszieht und nackt in die Fluten springt? Ach was, es sind kaum

Menschen am Fluss und die, die hier sind, interessieren sich nicht für ihn.

Otto beschließt, seinem Impuls zu folgen. Ich habe in meinem Leben viel zu oft auf andere gehört, mich danach gerichtet, was die Leute von mir halten oder über mich denken könnten. Wird Zeit, dass ich mich frei mache, denkt er. Wenn nicht jetzt, wann dann? Wie viele Gelegenheiten soll ich noch vergehen lassen, mich aus der Maschine, in die ich wider Willen gedrängt wurde, zu befreien. Die Gelegenheit ist günstig für einen Anfang in eine neue Richtung. Wer den Zug verlassen kann, der ist auch in der Lage, in diesem Fluss zu schwimmen. Der ist noch zu ganz anderen Sachen in der Lage.

Otto steht nackt am Ufer. Prüfend streicht sein Blick über seinen Körper, soweit er diesen aus der Ich-Perspektive zu begutachten vermag. Brust und Arme sind nach wie vor kräftig, die Beine gut in Schuss. Der Bauch bereitet ihm ein wenig Sorgen, er wölbt sich leicht vor, doch noch ist nichts verloren. Jugendlicher Übermut überkommt ihn und mit einem Satz springt er in das Wasser. Dabei stößt er einen kleinen Schrei aus. Er gleitet hinein und hindurch, taucht auf den Grund, Fische berühren seine Waden, das warme Wasser umspielt sanft sein Geschlecht. Prustend krault er an das andere Ufer, eine sommerliche Wiese vor Augen. Am Horizont die Umrisse einer Stadt, der Kirchturm deutlich sichtbar, verwehtes Glockengeläut schwebt über die Wiese. Eine Familie beobachtet ihn, der Vater beschirmt mit der Hand die Augen, um besser sehen zu können. Zwei Kinder springen im Gras herum, quietschen vor Vergnügen. Otto winkt, worauf sich vier Paar Arme erheben und asynchron durch die Luft wedeln. Der Vater lacht und ruft ihm etwas zu. Otto versteht kein Wort, doch er lacht fröhlich zurück. „Das Wasser ist warm. Es ist herrlich." Der Vater nickt verstehend, dann spaziert er mit Frau und Kindern weiter. Niemand stört sich an seiner Nacktheit. Otto liegt im Gras, lässt sich von der Nachmittagssonne trocknen. Er verzehrt die restlichen Erdnüsse und bedauert, dass er keine zweite Dose Bier gekauft hat. So schöpft er, nachdem er kurz daran geschnuppert hat, mit der hohlen Hand Wasser aus dem Fluss. Es riecht gut und frisch. Schließlich lässt sich Otto bäuchlings auf die Böschung nieder und trinkt in großen Zügen direkt aus dem Fluss.

Anschließend döst er im dichten Gras. Als er erwacht,

verfärbt sich die Sonne blutrot und er beschließt, ein Quartier für die kommende Nacht zu suchen.

Die Abenddämmerung senkt sich herab. Er schlägt die Richtung in das Zentrum der Stadt ein. Gedämpfte Tritte auf altem Kopfsteinpflaster. Das Leder der braunen Schuhe quietscht leise bei jedem Schritt. Abendliche Ruhe liegt über der Stadt. Die Geschäfte haben bis auf wenige Ausnahmen geschlossen. Dies hier scheint das Altstadtviertel zu sein, wenngleich sich auch von dem Teil der Stadt, den Otto bislang gesehen hat, nicht gerade sagen lässt, dass es sich um neuere Bauten handeln könnte. Es ist mehr ein Gefühl. Sämtliche Gebäude hinterlassen einen altehrwürdigen Eindruck. Die jüngsten Häuser könnten aus der Gründerzeit stammen, gleiches gilt für Straßen und Plätze, Brücken und Brunnen, von denen zahlreiche in der ganzen Stadt verstreut sind. Das Viertel, welches er gerade durchquert, ist wohl mit Abstand das bislang älteste. Die Gebäude stammen aus dem 16. Jahrhundert, wie an den Häusern angebrachte Tafeln bekunden. Auf einem Schild, befestigt an der Außenmauer eines in der engen Gasse im Schatten liegenden, mehrstöckigen Hauses, stößt Otto auf eine

Inschrift.

„Der Begriff Rinascimento (= Wiedergeburt) wurde erstmals 1550 von dem italienischen Künstler und Künstlerbiographen Giorgio Vasari verwendet, um die Überwindung der mittelalterlichen Kunst zu bezeichnen".

Was mag das bedeuten? Rinascimento heißt Renaissance, wenn er sich nicht irrt. Vielleicht handelt es sich aufgrund des gleichen Baustiles der Nachbarhäuser um einen Stadtteil mit Bauten aus dem Zeitalter der frühen Renaissance. Alt genug scheinen die Gebäude zu sein. Erstaunlich, dass sich in diesem Teil überhaupt Erläuterungen finden.

Hinweisschilder sind in der Stadt kaum vorhanden, so dass Otto die entdeckten Ausführungen als auffällig empfindet. Langsam sinkt die Nacht in die Stadt und verwandelt die Häuser in Schatten, deren Konturen verschmelzen. Ein lauer später Abend bricht an. Sterne blinken vom Himmel, der volle Mond wirft fahles Licht in die Gassen. Kandelaber flackern auf, ein trübes Gelb erhellt die Umgebung nur auf wenigen Metern, was die Orientierung erschwert.

Ohne die Unterstützung des Mondes wäre diese

gänzlich unmöglich. Spaziergänger kommen ihm entgegen. Otto fragt nach einem Zimmer für die Nacht. Die Leute, ein älteres Paar, Mann und Frau, blicken ihn freundlich an, der Mann setzt zum Sprechen an, doch Otto versteht kein Wort.

Dabei erscheint ihm die Sprache seltsam vertraut. Er wiederholt seine Frage geduldig auf Deutsch und englisch, französisch und schließlich in der Sprache seiner Mutter: Dänisch. Jeden Versuch quittieren die beiden mit geduldigem Nicken und einer Antwort, die sich freundlich anhört. Leider versteht Otto kein einziges Wort.

„Verstehen Sie, was ich sage?", versucht er es ein letztes Mal. Der Mann nickt bejahend. Doch weiter kommt er nicht. Irritiert zuckt Otto die Achseln. „Es tut mir leid, ich verstehe Sie nicht." Betroffene Blicke. Die Frau flüstert ihrem Mann etwas ins Ohr, worauf ihn dieser mitleidig ansieht. Denken die beiden etwa, dass er taub ist? „Halt, bitte gehen Sie nicht. Sehen Sie, es ist spät, außer Ihnen und mir ist niemand mehr unterwegs. Ich benötige ein Zimmer für die Nacht. Bitte helfen Sie mir, zeigen Sie mir den Weg, wenn Sie sich auskennen." Otto unterlegt seine Worte mit passenden Gesten.

Es folgt eine kurze Beratung. Der Mann bedeutet Otto, ihm zu folgen. Nach wenigen Minuten stehen sie vor einem Haus, in dessen Untergeschoss die Zimmer erleuchtet sind.

In einem der Fenster steht ein kleines, handgemaltes Schild: Wirtshaus. Nicht mehr.
Otto bleibt unschlüssig vor der Tür stehen. Die Frau berührt ihn mit einer mitfühlenden Geste und signalisiert dadurch, dass alles in Ordnung ist. Otto gibt sich einen Ruck.

„Vielen Dank. Jetzt komme ich alleine zurecht. Es ist nur so ungewohnt - das alles. Nein, Sie können wirklich gehen. Danke vielmals. Sie sind sehr hilfsbereit. Kommen Sie gut nach Hause." Er blickt den beiden nach, bis sie um die Ecke der verwinkelten Gasse gebogen sind. Er holt tief Luft und betritt das Haus. Eine melodische Klingel verkündet seine Ankunft.

Das Empfangszimmer liegt im Halbdunkel, hinter der aus dunkler Eiche gefertigten Rezeption steht ein hochgewachsener, dürrer Mann jenseits der sechzig, der ihn erwartungsvoll anblickt.

„Guten Abend. Verzeihen Sie die späte Störung. Ich

suche ein Zimmer für die ...". Otto verstummt im Nähertreten, angesichts der vom Schein einer schwachen Funzel beleuchteten Erscheinung.

Otto mustert den Mann hinter dem Eichenholz-Tresen. Buschige Brauen über wasserblauen Augen, beschirmt von spärlichen, in die Stirn gekämmten Haarsträhnen. Allzu viele Haare scheint dieser Mensch nicht zu besitzen, eine genaue Feststellung ist aufgrund der schief auf dem Schädel drapierten, roten Filz-Mütze nicht möglich. Eine große, gebogene Nase wacht über einen kleinen schmallippigen Mund, dessen linke Seite fortwährend in Richtung Kinn auszureißen versucht, ein Umstand, den der Mann ebenso beharrlich zu korrigieren bemüht ist. Er trägt eine altmodische Form von Weste, die Otto an ein Wams erinnert. An das beigefarbene Kleidungsstück schließt sich eine braune, knielange Hose an, unschwer zu erkennen, da das an einen Storch erinnernde Bein des dürren Mannes neben den Tresen gestellt ist. Komplettiert wird die Bekleidung durch oliv-grüne Kniestrümpfe sowie aus weichem Leder gefertigte, knöchelhohe, dunkelbraune Stiefel. Otto betrachtet die Gestalt voller Verwunderung und fragt sich, aus welchem Jahrhundert diese

Erscheinung stammen mag. Der Dürre beäugt ihn mindestens ebenso gründlich, wenngleich sein Blick weniger von aufdringlicher Neugier als vielmehr von geschäftsmäßigem Interesse zeugt. Wo bin ich gelandet? Was ist das für ein Haus, das genauso alt zu sein scheint wie das ganze Viertel. Der Bursche hier sieht aus, als wäre er dem Simplicissimus von Grimmelshausen entsprungen.

Vielleicht sollte ich gehen und mein Glück woanders versuchen, auch wenn ich nicht weiß, wo das sein sollte. Immerhin, die Einwohner der Stadt scheinen friedlich und Fremden durchaus wohlgesonnen. Was schadet es, wenn ich mich am Ufer des Flusses niederlege und versuche, dort ein wenig zur Ruhe zu kommen. Wer weiß, was mich hier erwartet. Von Ausflügen mit unbekanntem Ausgang habe ich einstweilen genug.

Otto ringt mit sich. Bevor der Gedanke zur Tat reifen kann, ertönt ein schmatzendes Geräusch. Die trockenen Lippen des Dürren entblößen ein von braunen Zahnstummeln gesäumtes Gebiss. „Mein Herr, wenn Ich Ihnen raten dürfte, würde ich anheim legen, in unserem Haus ein Zimmer für die Nacht zu beziehen. Draußen kann es gegen Morgen empfindlich kühl werden. Wir verfügen über schöne, große Zimmer und überaus reinliche Betten. Sie werden ausgezeichnet ruhen."

Die Stimme ist erstaunlich tief und wohlklingend für solch einen dürren Storch, die Worte werden ruhig und bedächtig, mit leicht südlichem Akzent vorgetragen, derweil der dürre Mann sich redlich bemüht, den beim Sprechen ständig nach unten rutschenden Mundwinkel nach jedem Satz wieder einzufangen.

Die hiermit einhergehende Muskelanspannung verursacht eine groteske Mimik. Es sieht aus, als würde der klapperdürre Mann hinter dem Tresen in kürzester Zeit stets neue, jedes Mal leicht variierende Grimassen schneiden. Otto ist unangenehm berührt. Unsicher steht er mitten im Raum und versucht, die vor ihm stehende Gestalt einzuordnen, zu etikettieren, was ihm beim besten Willen nicht gelingen will.

„Ich bin auf der Suche nach einem Zimmer, das ist richtig", bringt er stockend hervor. „Ich will jedoch keine Umstände bereiten, so spät."

Der andere fängt an zu kichern, was sein Gesicht mit

dem munter auf und ab tanzenden Mundwinkel in eine Art anhaltender Schluckauf-Bewegung versetzt. „Keine Umstände, werter Herr, dieses Haus ist darauf eingerichtet, Gäste wie Sie zu bewirten. Zu jeder Tages- und Nachtzeit. Seit vielen Jahren bereits. Sie müssen sich nicht sorgen. Das machen wir für Sie. Um Ihr leibliches Wohl werden wir uns kümmern und um ihr seelisches auch. Das darf ich mit Fug und Recht behaupten."

Otto ist irritiert: „Gäste wie ich?" Ein scharfer Blick aus den wasserblauen Augen streicht für einen kurzen Moment über Ottos Gesicht, doch gleich darauf wird er wieder mild. „Nun ja, durchreisende Gäste, natürlich. Sie reisen doch weiter oder gedenken Sie, zu bleiben?"„Ich nein...doch...das heißt, nein, ich glaube nicht. Ich denke, ich werde morgen weiter reisen. Mit dem Zug. Ganz sicher bin ich nicht."

„Das dachte ich mir." In vertraulichem Ton. „Dieses Haus wird hauptsächlich von Durchreisenden aufgesucht. Diejenigen, die sich bei uns niederzulassen, entscheiden sich in der Regel für ein Domizil außerhalb der Stadt. Die Landschaft ist wunderschön und das Klima sehr mild. Die Sonne scheint regelmäßig und wenn es einmal regnet oder abkühlt, geschieht dies ausschließlich des Nachts." Der dürre Mann stößt einen inbrünstigen Seufzer aus. „Ja, es ist wahrlich traumhaft. Das reinste Paradies." Zwinkern. „Aber so soll es ja auch sein. Keine leeren Versprechungen, nicht wahr?"

Die mäandernde Mimik des Dürren verwandelt sich Grimassen schneidend in eine Maske der gespielten Entrüstung. „Ich muss mich schelten, denn Sie tun es ja nicht. Wo bleibt mein gutes Benehmen.

Da stehe ich und plapper wie der reinste Wasserfall. Hah, haben sie bemerkt, was ich sagte? Der reinste Wasserfall. Ganz rein und klar. Tadel steckt ein das Lob. Wo soll das nur hinführen? Sagen Sie es mir, doch vorher gestatten Sie, werter Herr, das ich mich vorstelle, wie es sich für einen zivilisierten und wohlerzogenen Menschen geziemt."

Eine langfingrige, schmale Hand streckt sich ihm entgegen, schwebt über dem Tresen, wie losgelöst vom Rest des Körpers. „Christian ist mein Name, einfach Christian, ich bin gewissermaßen die gute Seele des Hauses, zumindest wird das behauptet. Aber da die Wahrheit im Auge des Besuchers liegt, ist diese Behauptung stets aufs Neue einer Bewertung durch meine hochverehrten Gäste zu unterziehen. Ich wäre jedenfalls äußerst erfreut, wenn Sie mir die Gunst erweisen, Ihnen die Gastfreundschaft dieses Hauses zuteil werden zu lassen. Unsere Küche ist ausgezeichnet und ein gutes Glas Bier vom Fass oder einen edlen Schoppen Wein können wir rund um die Uhr anbieten. Wobei Zeit hier bedeutungslos ist. Soll heißen, die Erholung steht im Vordergrund. Kommen Sie, ich zeige Ihnen das Zimmer und wenn Sie sich erfrischt und gespeist haben, halten wir ein Schwätzchen, wenn es recht ist.

Ich komme abgesehen von meiner Arbeit nicht häufig unter Menschen und muss mich mit dem bescheiden, was ich von unseren werten Gästen erfahre."

Nach diesem Wortschwall ergreift Otto die dargebotene Hand, zögernd und gleichzeitig erleichtert. Draußen regnet es. Das Wasser läuft an den verbleiten Fenstern hinunter. Damit ist die Entscheidung gefallen.

Christian nickt erfreut. „Wie ich sagte, wenn es regnet, dann nachts. Wie gut, dass Sie es rechtzeitig ins Trockene geschafft haben. Christian hält seine

Hand fest. Otto löst sich vorsichtig aus dem Griff. „Ich danke Ihnen für den freundlichen Empfang. Mein Name ist Otto Hansen und ich bin, wie gesagt auf der Durchreise. Ich würde das Zimmer gerne sehen.“

Kerzen beleuchten die vor ihnen liegende breite Treppe. An der Wand hängen Gemälde. Einige von ihnen erkennt Otto. Vor der Kopie eines Bildes mit dem Namen „Die Bekehrung des Paulus“ bleibt er fasziniert stehen. „Ich kenne das Bild. Das Original befindet sich im Kunsthistorischen Museum in Wien. Pieter Bruegel der Ältere. Welch detailgetreue Nachbildung.“

Ein schiefes Lächeln zwingt den Mundwinkel Christians nach unten. Er schwenkt den Kerzenleuchter, so dass die Einzelheiten des Bildes sich aus dem Zwielicht schälen.

„Sie interessieren sich für Kunst? Gewiss ist dies ein Meisterwerk. Es stellt bekanntermaßen eine Szene aus der Apostelgeschichte dar. Schauplatz ist eine als bizarr zu bezeichnende Gebirgslandschaft mit Blick auf ein fernes flaches Land mitsamt seiner Meeresküste. Sehen Sie nur. Ein Heerzug gerüsteter Soldaten und edler Reiter steigt den Pfad empor, aber der Weg ist schwer zu passieren und zudem weiter hinten durch tiefliegende Wolken verborgen, eine weitere Erschwernis. Wo mag er hinführen? Schauen Sie hier. Im Zentrum des Bildes, jedoch nicht besonders hervorgehoben, ist ein gestürzter Reiter zu sehen, der nach links oben blickt, wo ein Lichtstrahl die Wolken durchbricht. Eine Szene voller Symbolik".

Er lächelt stolz. „Seien Sie versichert, es ist keine Kopie. Betrachten Sie das Bild genau. Es handelt sich um das Original von 1567. Der Künstler selbst hat es uns überlassen, als Dank für unsere Dienste. Es muss ihm eine Herzensangelegenheit gewesen sein. Die Kopie befindet sich in der Sammlung in Wien. Bruegels Schüler hat sie gefertigt. Eine wahres Meisterwerk, zweifellos sehr detailgetreu, jedoch eine Kopie."

Otto tritt näher. Eine abgestanden riechende Melange aus Leinwand, Öl sowie weiterer undefinierbarer Beimengungen steigt ihm in die Nase.
Er ist fassungslos. „Bruegel der Ältere hat Ihnen das Bild im Jahre 1567 überlassen?"
„Nun, nicht mir persönlich und auch nicht direkt nach seiner Fertigstellung, etwas später, ich glaube 1570.

Seinerzeit war ich persönlich noch nicht hier tätig. Aber wie ich schon sagte, ist unser Haus alt. Es besteht seit vielen Generationen und hat ebenso viele Gäste im Laufe seiner Geschichte unter seinem Dach beherbergt. Ist Ihnen die Geschichte, die das Bild erzählt, bekannt? Wissen Sie, was es symbolisiert?"

Otto schüttelt den Kopf. „Nur vage. Es geht um die Wandlung des Saulus zum Paulus, wenn ich mich recht entsinne, dieses Motiv hat Bruegel aufgegriffen, aber was ihn dazu veranlasst hat, vermag ich nicht zu sagen."

Christian lächelt erfreut. „Das ist richtig. Bruegel variiert das bekannte Thema aus der biblischen Apostelgeschichte: das sogenannte Damaskus-Erlebnis von Paulus, der zur dieser Zeit nicht eben für seine Toleranz bekannt war und sich insbesondere als Verfolger der Christen einen zweifelhaften Ruf erworben hatte.

Es entspricht der Arbeitsweise Bruegels, das Leitmotiv in der Mitte des Bildes zu platzieren, im Übrigen jedoch nicht weiter hervorzuheben. Zurück zur Geschichte: Saulus befand sich auf dem Wege nach Damaskus, wo er Christen bekämpfen wollte, da erschien ihm Gott. Der himmlische Erlöser warf ihn vom Pferd und schlug ihn vorübergehend mit Blindheit. Bruegels Szene spielt im Gegensatz zum biblischen Bericht im Hochgebirge, das entscheidende Detail ist links oben das himmlische Licht, welches Saulus blendet, so dass er die Orientierung verliert und nicht weiß, wohin er sich wenden soll. Bruegel kehrt auf diese Weise das innere Bekehrungserlebnis ins Äußere um: Der Weg über die Berge ist dem Verfolger versperrt und er ist gezwungen, umzukehren."

Er hält die Kerze hoch. Ein Lichtschein fällt auf das Gesicht von Otto. „Es geht darum, eigene Fehler zu erkennen und daraus zu lernen."

Ein zum Kinn wegrutschendes, zitterndes Lächeln verzerrt das Gesicht Christians zur Grimasse. „Doch es geht noch um weit mehr. Eine fundamentale Neuausrichtung, das Wort Bekehrung ist hier angebracht. Und da. Auf dem Bild ist ein schwarzer Reiter in Rückenansicht in der rechten Bildhälfte so platziert, dass er den gestürzten Saulus sehen muss. Das Bild ist 1567 datiert, ein Jahr nach dem calvinistischen Bildersturm, in dessen Verlauf auf Weisung reformatorischer Theologen und der dem neuen Glauben anhaftenden Obrigkeit Gemälde, Skulpturen und Kirchenfenster mit Darstellungen von Christus und den Heiligen sowie weiterer Kirchenschmuck, teilweise auch Kirchenorgeln, aus den Kirchen entfernt wurden.

Die Bildwerke und Schmuckgegenstände wurden verkauft, in Privatbesitz überführt und zum Teil vernichtet oder schwer beschädigt. In dieser dunklen Zeit zog der von Philipp II. ernannte neue Statthalter Herzog Alba von Italien mit Söldnern über die Alpen in die spanischen Niederlande, ein Gebiet, welches Ihnen bekannt sein dürfte. Alba beabsichtigte, den Aufstand niederzuschlagen. Das Bild kann daher so gedeutet werden, dass Bruegel mit ihm seiner Hoffnung Ausdruck verleiht, der als grausam bekannte „schwarze" Alba möge sich bekehren und damit gewissermaßen vom Saulus zum Paulus werden".

Otto ist beeindruckt. „Sie sind ein Quell des Wissens, Christian. Ich werde Ihre Worte nicht vergessen."
„Das hoffe ich, werter Herr, das hoffe ich sehr, bei allem gebührenden Respekt." Verwundert steigt Otto hinter Christian die Treppe empor.
Welche Überraschungen mögen noch auf ihn

warten?

Das Zimmer ist überraschend hell und geräumig. Dominiert von einem mächtigen, ein gutes Drittel des Raumes einnehmenden Bett, beherbergt es außerdem einen schweren Schrank aus dunklem Holz, einen Sessel sowie einen groben, jedoch sauber polierten Tisch nebst zwei Stühlen. Christian öffnet eine schmale Verbindungstür. „Seit einiger Zeit verfügen wir über fließend Wasser, das darf ich bei aller Bescheidenheit, mit Stolz anmerken. Toilette, Dusche, alles, wie Sie es gewohnt sind."

Otto hat auf dem Bett Platz genommen, inmitten der frisch duftenden Kissen verspürt er wieder die große Müdigkeit aufsteigen. Christian, der dies offensichtlich bemerkt, wendet sich zum Gehen. „Ruhen Sie aus. Ich werde der Küche Anweisung erteilen, das Essen wird fertig sein, wenn Sie erwachen. Es hat keine Eile.
Sollten Sie etwas benötigen, drücken Sie die Klingel. Es soll Ihnen an nichts mangeln. Ich begebe mich nach unten. Wenn Sie später die Treppe hinab steigen, finden Sie die Gaststube den Gang hinunter rechts neben dem Empfang, der Ihnen bereits bekannt ist. Ruhen Sie wohl, Otto Hansen."

Der Schlaf ist tief, nach dem Erwachen vermag Otto sich nicht an einen Traum zu erinnern, ein Umstand, der ihn zutiefst erleichtert. Draußen regnet es. Otto hat in seinen Kleidern geschlafen und fühlt sich dennoch erquickt wie nach einem sehr langen Schlaf, obwohl nicht mehr als eine Stunde vergangen sein kann.

Nach einer ausgiebigen Dusche betritt er, körperlich und geistig erfrischt, die Gaststube. In einem offenen Kamin lodert das Feuer, im Zimmer ist es angenehm warm. Otto ist der einzige Gast zu dieser Stunde. Er nimmt auf einer grünen, gepolsterten Eckbank nahe der Fensterfront Platz. Ein Gefühl der wohligen Wärme und Geborgenheit erfüllt ihn. Nachdenklich reibt er die Hände. Dies ist ein altes, dunkles Haus und dennoch weckt es keine Ängste, wie so viele dunkle Orte zuvor.

Es strahlt sogar einen ruhigen Frieden aus. Hier lässt es sich aushalten. Dieser Christian scheint ein patenter Bursche zu sein. Aufgeweckt obendrein. Irgendwie aus der Zeit gefallen, aber das trifft wohl auf die ganze Stadt zu. Etwas angenehm Unaufgeregtes liegt über allem. Wie ruhig es ist. Was wohl Sabine sagen wird, wenn ich wieder zu Hause bin und ihr alles erzähle.

Er verspürt einen Stich. Ich habe die ganze Zeit kaum an dich gedacht. Wie kann das sein? Wir stehen uns so nah. Wie lange ist es her, dass wir uns gesehen haben? Mögen es Stunden oder Tage sein, ich weiß es nicht. Wir haben gegessen, anschließend bin ich zu meiner Reise aufgebrochen. Kann mich nicht erinnern, dass wir uns voneinander verabschiedet haben. Seltsam, mein Gedächtnis scheint wirklich gelitten zu haben. Ich freue mich jedenfalls auf unser Wiedersehen, das kann ich dir sagen. Hoffentlich bist du nicht böse auf mich. Sind wir im Streit auseinander gegangen? Wenn ich mich nur an die Umstände unseres Abschieds erinnern könnte.

„Haben Sie wohl geruht?" Es ist Christian, in der gleichen Aufmachung wie zuvor, lediglich die hohe Filzmütze hat er abgelegt.
„Danke, ich habe ausgezeichnet geschlafen."„Dann sind Sie bereit für ein kräftiges Mahl. Es gibt Pastete und Brot sowie eine Süßspeise zum Nachtisch. Ich sehe, Sie schauen auf die Wanduhr. Das alte Ding ist vor geraumer Zeit stehen geblieben. Wir setzen sie nicht mehr instand. Zeit spielt in diesem Haus eine untergeordnete Rolle. Eigentlich ist sie hier gar nicht

existent. Unsere Gäste sollen sich erholen und nicht dem Diktat einer Uhr unterwerfen."

Das Essen ist ausgezeichnet, ebenso das frische Fassbier. Otto tunkt die Reste der Mahlzeit mit dem noch warmen, dunklen Brot vom Teller. Christian sitzt ihm gegenüber, den Kopf in die Hände gestützt und betrachtet ihn mit Wohlwollen. Seine Augen nehmen lebhaft teil an dem Mahl des Gastes, dessen genussvoll hervorgebrachte Äußerungen großen Behagens er mit Freude zur Kenntnis nimmt. Sein Mund ahmt unbewusst die Essbewegungen nach, indes er sich eifrig bemüht, den außer Kontrolle geratenen Mundwinkel schnell wieder einzufangen. Otto nimmt die Eigenarten und Schrullen seines Wirtes kaum zur Kenntnis. Sie scheinen ihm bereits so normal wie sein eigenes, während der Mahlzeit ungeniert vorgetragenes Schmatzen und wohliges Knurren, eine Verhaltensweise, die er sich noch vor kurzem, selbst im eigenen Hause untersagt hätte.

Er ist froh, dass Christian ihm Gesellschaft leistet. Nachdem Otto den letzten Rest der Mahlzeit verzehrt und diese hinreichend gepriesen hat, sitzen sie eine Zeitlang schweigend auf ihren Plätzen und hängen ihren Gedanken nach. Der alte Christian räuspert sich schließlich. „Haben Sie entschieden, was Sie tun werden, werter Otto Hansen?

Die Gegend ist, wie gesagt, sehr schön. Sollten Sie zu dem Entschluss gelangen, länger bei uns zu verweilen, darf ich Sie beglückwünschen."

Die wachen, blauen Augen des alten Christian tasten Ottos Gesicht ab, als sei dieses ein Gemälde, welches es zu interpretieren gilt, ohne dabei auch nur die kleinste Nuance zu übersehen. Otto lehnt sich entspannt zurück. „Stadt und Umland gefallen mir sehr, soweit ich das beurteilen kann. Es ist friedlich und erholsam. Ein Platz, an dem die Seele wieder zu sich finden kann. Ich kann mir durchaus vorstellen, mich später einmal hier niederzulassen. Doch noch ist die Zeit nicht reif für eine derartige Entscheidung. Ich habe Verpflichtungen und spüre, dass ich noch nicht so weit bin, einen solchen Entschluss zu fassen."

Christian nickt zustimmend. „Das dachte ich mir. Die Reisenden entscheiden individuell, ein jeder für sich und seinen Weg. Folgen Sie Ihrer inneren Stimme, das ist die Hauptsache. Reisen Sie in Begleitung?" Otto richtet sich auf. „Ja und nein. Es gibt ein paar

Dinge, die ich Ihnen gerne erzählen möchte, Christian." Der Mundwinkel des dürren Alten ist um Balance bemüht. Christian lächelt interessiert. „Nur zu. Ich bin ganz bei Ihnen."

Otto berichtet von der Fahrt mit dem Zug, seinen Träumen und der Bekanntschaft mit Prose Cutor. Christian hört aufmerksam und sichtbar bewegt zu. Seine langen, sehnigen Finger schließen sich am Schluss von Ottos Bericht für einen kurzen Augenblick um dessen Hände.

„Ich danke Ihnen für Ihr Vertrauen, mein Herr. Sie sollen wissen, dass viele unserer Gäste von ähnlichen Erlebnissen berichten. Verstehen Sie, die Umstände Ihrer Reise sind besonderer Natur. Sie fahren mit einem Zug, von dem Sie nicht wissen, wie Sie in ihn gelangt sind durch Landschaften, die Ihnen gänzlich unbekannt sind zu einem Ziel, welches zum jetzigen Zeitpunkt noch im Nebel eines anderen zukünftigen Tages verborgen liegt, auch wenn sich wohl bereits gewisse Konturen herausschälen.

Sie haben Vergangenes aus ihrem Leben, auf den wesentlichen Kern der Ereignisse reduziert, rekapituliert und mögliche Varianten künftiger

Geschehnisse gesehen oder doch wenigstens ein vages Abbild davon. Träume sind nicht nur Schäume, keinesfalls. Da widerspreche ich. Mitunter widerfahren uns Dinge, die wir erst im Nachhinein richtig zuordnen können, manchmal auch überhaupt nicht.

Wissen Sie, was Closters Sohn Edgar in Shakespeares König Lear sagt?" Otto schüttelt lächelnd den Kopf. „Nun, in einer der letzten Szenen des Stückes, äußert er gegenüber seinem Vater, dem von Schwermut geplagten Grafen Gloster, folgende Worte: Dulden muss der Mensch. Sein Scheiden aus der Welt wie seine Ankunft. Reif sein ist alles. Damit ist eigentlich alles gesagt, werter Otto Hansen. Der Mensch muss auf seinem Weg, wohin dieser ihn auch führen mag, das hinnehmen, was gemeinhin als sein Schicksal bezeichnet wird und was für ihn nicht zu ändern ist. Wie er allerdings diesem seinem Schicksal, welches sich stets aufs Neue aus vorangegangenen Handlungen des Menschen entfaltet begegnet, das obliegt ihm ganz allein.

Auf diese Weise sind wir doch in der Lage, unser Dasein zu gestalten, will ich meinen. Wenn es uns in welcher Gestalt auch, entgegentritt, müssen wir es schließlich ertragen. Doch die Art und Weise, wie wir damit umgehen, bestimmt alles weitere. Dulden hat einiges mit Demut zu tun."

Ein Schatten zieht über das Gesicht des alten Christian, doch nur kurz, schon strahlen seine wasserblauen Augen wie zuvor. Güte und Verständnis sprechen aus ihnen.

„Sie werden Ihren Weg zu Ende gehen und sich entscheiden müssen, was Sie wollen. Wie soll es weiter gehen? Ich wiederhole mich, aber es ist wichtig. Die Entscheidungen treffen einzig und alleine Sie. Sie bewerten und ziehen die Konsequenzen. Bei Prose befinden Sie sich in guter Gesellschaft. Er ist ungeachtet seines Rufes, eine ehrliche Haut, unbestechlich, wird Ihnen nicht nach dem Munde reden, Sie aber auch nicht in die Irre führen, falls Sie das befürchten. Er hat einen scharfen Blick und ist summa summarum das ehrlichste Wesen, das ich kenne. Das bringt seine Berufung mit sich."

„Er hat einen scharfen Blick? So kennen Sie ihn? Ich war der Meinung, er kann kaum die Hand vor Augen sehen." „Man sieht nicht nur mit den Augen, gnädiger Herr. Das was sich einem offenbart, bedarf keines guten Auges."

„Was macht dieser Prose wirklich? Ist er tatsächlich Ankläger?"„ Oh ja. Von Beginn an. Der beste seiner Zunft. Er verquickt diese Tätigkeit übrigens gerne mit der eines Reiseführer. Auch darin ist er unübertroffen. Er weiß über alles ganz hervorragend Bescheid." Otto verstummt betroffen. Prose ist Staatsanwalt und Reiseführer!

Hat man so etwas je gehört? Nun gut, dies würde seine unaufdringliche Eloquenz erklären, dennoch ist diese neue Offenbarung schwerlich mit seiner bisherigen Vorstellung von ihm in Übereinstimmung zu bringen.

„Warum habe ich eigentlich bei Ihnen nicht geträumt, Christian?" Der Alte lacht leise. „Weil Sie hier nicht in Bewegung, sondern ganz bei sich sind. Mehr vermag ich nicht zu sagen. Ich bin ein einfacher Wirt und kenne mich mit derlei Sachen nicht allzu gut aus."

Otto sieht ihn nachdenklich an. „Ich frage mich, was mit meinem Leben geschieht. Ich habe das Gefühl, es entgleitet mir, aber vielleicht träume ich alles bisherige."

„In gewisser Hinsicht mögen Sie träumen. In anderer

wiederum nicht. Das Dasein entgleitet Ihnen nicht, vielmehr stellt es in seiner Gesamtheit eine Prüfung dar, in welcher Sie das zuvor Erlernte anzuwenden haben. Der Mensch ist in der Lage, Wissen und Erfahrungen auf Lebenssachverhalte anzuwenden, indem er seine Kenntnisse transformiert. Mitunter bedarf es dafür eines gewissen Anstoßes. Denken Sie an die Wandlung des Saulus zum Paulus. Bei wenigen ist jegliche Hoffnung verloren, da sie unbelehrbar, roh und abgestumpft sind.

Die armen Seelen. Ihnen gelingt es nicht, den eingeschlagenen Pfad zu verlassen, so gehen sie ihn bis zum bitteren Ende."
Christians Gesicht verfinstert sich.

„Und Sie wollen ein einfacher Wirt sein." Otto lacht. Guter alter Bursche. Er scheint keiner Fliege etwas zuleide tun zu können. Dabei ist er voller Weisheit. Otto gähnt herzhaft. Warum ist er nur andauernd müde? Das war doch früher nicht so. Es fällt ihm schwer, strukturiert zu denken.

Christian betrachtet ihn aufmerksam. „Schlafen Sie aus, Otto Hansen. Morgen ist ein neuer Tag, dann können Sie mit frischen Kräften Ihre Reise fortsetzen."

Otto ist einverstanden. Auf dem Weg zu seinem Zimmer, in welches ihn Christian wiederum mit dem Kerzenständer in der Hand begleitet, fällt ihm noch etwas ein. „Warum kann ich nicht verstehen, was die Leute draußen auf der Straße reden, während diese sofort begreifen, was ich von Ihnen möchte." Christian bleibt auf dem obersten Treppenabsatz stehen. Das Kerzenlicht flackert, lässt Bruegels Gemälde vom bekehrten Saulus lebendig werden, Schatten springen behende durch das Bild.

Der Alte überlegt nur kurz. „Vielleicht haben Sie nicht richtig zugehört. Ihr Kopf ist voll von all dem Zeug aus Ihrer Vergangenheit und obendrein gefüllt mit viel Lärm um nichts. Sie müssen lernen, sich auf das Wesentliche zu konzentrieren. Dann werden Sie verstehen, was die anderen sagen."

Otto ist verblüfft. „Mein Kopf ist nicht voller Lärm. Es ist ganz still darin. Ich könnte eine Stecknadel fallen hören."

Christian schüttelt den Kopf. „Was die Leute Ihnen mitteilen wollten, ist Ihnen nicht aufgegangen. Nur Kauderwelsch haben Sie vernommen, während es den beiden offensichtlich in keiner der von Ihnen genutzten Sprachen schwer gefallen ist, Sie zu verstehen. Demnach sind Sie weit davon entfernt, sich auf das Wesentliche zu besinnen."

Nachdenklich begibt sich Otto in sein Zimmer, doch seine Müdigkeit ist so groß, dass die Gedanken verwehen wie aufgewirbelter Staub auf einem Feldweg. Der Rest der Nacht beschert ihm zum dritten Mal hintereinander einen tiefen und traumlosen Schlaf, von welchem er sich um die Mittagszeit frisch und ausgeruht von seinem bequemen Lager erhebt. Draußen zwitschern die Vögel. Eine Blaumeise hat sich auf das Fensterbrett verirrt und stößt mit dem Schnabel sanft gegen das Glas.

Otto beobachtet sie, auf der Bettkante sitzend. Der gestern gefasste Entschluss hat sich während der Stunden der Nachtruhe verfestigt. Er wird die Reise im Laufe des heutigen Tages fortsetzen und den nächsten Zug nehmen, der den Bahnhof verlässt.

Nach einem reichhaltigen Frühstück verabschiedet er sich herzlich von dem alten Christian, der es sich nicht nehmen lässt, ihm etwas Wegzehrung mitzugeben. Sein schiefer Mund bebt vor Rührung, als er Otto die Hand reicht.

„Ich werde Sie nicht vergessen, gnädiger Herr und wünsche Ihnen für die weitere Reise alles Gute. Wählen Sie im Bahnhof das richtige Gleis. Und denken Sie daran. Am Ende ist alles gut und wenn es nicht gut ist, kann es unmöglich schon das Ende sein."

Otto, bereits mit einem Fuß draußen im Sonnenschein, sieht ihn ratlos an.

„Wenn Sie an Ihrem Bestimmungsort angekommen sind, werden Sie verstehen, was ich meine", ruft ihm der Alte hinterher.
Otto stapft die enge Gasse hinauf, die heute, bei Tageslicht, viel ansehnlicher und einladender wirkt als gestern bei seiner Ankunft. Bevor er um die Ecke biegt, wendet er sich ein letztes Mal um. Christian steht vor dem Wirtshaus und winkt mit der roten Filzmütze in der Hand.

Mutmaßungen

Am Bahnhof angekommen, lenkt Otto seine Schritte erneut zum Informationsschalter. Der nächste Zug fährt von Gleis 21, ein weiterer im Anschluss von Gleis 5. Der Mann mit der blauen Mütze betrachtet ihn nachdenklich. Wieder ist Otto fasziniert von der mächtigen gläsernen Kuppel, die sich bis Gleis 20 erstreckt. Er tritt auf den Bahnsteig hinaus auf der Suche nach weiteren Gleisen. Doch dort ist nichts. War das gestern auch schon so? Er kann sich nicht erinnern. Neben den Schienen erstreckt sich die Gebäudemauer hinauf in schwindelnde Höhe. Otto kehrt zurück in den Bahnhof, der in diesem, abseits gelegenen Teil lediglich von einer Gruppe Reisender durchquert wird. Die Leute sehen betrübt aus und sie scheinen darauf bedacht, ihn nicht zu berühren, einige schlagen regelrecht Haken als er die Gruppe passiert. Seltsam. Was ist nur los mit ihnen. Sie sehen ihm richtig neidisch hinterher.

Otto fragt sich, ob ihn seine Wahrnehmung täuscht. Es sind ausschließlich ältere Männer und Frauen. Die Gruppe verlässt den Bahnhof durch den Seitenausgang, einige der Frauen weinen. Diese Tür ist Otto bislang nicht aufgefallen.

Sie ist klein und im Gegensatz zu den anderen Ausgängen verwittert und schäbig. Das muss die Nebentür sein. Er überlegt, ob er sie aufstoßen und nachsehen soll, wohin dieser Weg führt, doch ein diffuses Gefühl von Gefahr hält ihn zurück. Ein leichter Windzug streift seine Beine. Für einen Moment steht Otto allein neben der schadhaften Tür. Ihn fröstelt, beklemmende Angst erfasst ihn. Unruhig lauscht er den verklingenden Schritten der Reisenden. Er ringt mit sich. Lasse mich nicht mehr ins Bockshorn jagen, denkt er störrisch. Fast widerwillig stößt Otto die schäbige Seitentür auf und betritt eine zweite, wesentlich dunklere, glanzlose Halle, die sich im Vergleich zu der gerade durchschrittenen klein und schmutzig ausnimmt. Im Halbdunkel erblindeter Fenster liegen einige seitlich in die Halle mündende Treppen. Dem hohlen Klappern sich entfernender Schritte folgend erreicht Otto Bahnsteig 21. Hier befindet sich das gesuchte Gleis. Ein verrußter alter Zug wartet zischend auf die sich nur zögernd nähernde Gruppe Reisender. Es ist zugig in diesem Teil des Bahnhofs. Zerbrochene Fensterscheiben im Wartehäuschen, eine Menge Papier auf dem Gleis. Die älteren Reisenden stehen einen Moment unschlüssig vor der geöffneten Tür,

steigen schließlich widerstrebend ein, als ein Pfiff
ertönt. Otto beobachtet, wie sie sich langsam durch
den Gang tasten. Der Schaffner steht auf dem
Bahnsteig und blickt ihn fragend an. Otto schüttelt
den Kopf, wehrt die wortlose Frage entschieden mit
den Händen ab. Der Mann nickt verstehend. Ein
zweiter Pfiff ertönt, die Türen schließen sich und der
tonnenschwere metallische Körper setzt sich mit
seiner Fracht schwerfällig in Bewegung.

Die Sache ist nicht geheuer, denkt Otto. Die Leute
scheinen verschreckt. Wer weiß, was sie erlebt
haben auf ihrer Reise. Jedenfalls möchte ich nicht
mit ihnen reisen. Irgendetwas an der Sache gefällt
mir nicht. Was für eine hässliche, alte Halle. Kein
Vergleich zu dem vorderen Teil des Bahnhofes. Wie
zugig und kalt es ist. Am Ende der Halle erblickt er
einen weiteren Ausgang, aber ihm ist die Lust auf
Erkundungen vergangen und er tritt den Rückweg an.
In der prachtvollen Halle steht an Bahnsteig 5
ebenfalls ein Zug zur Abfahrt bereit. Otto hastet die
Treppe hinab. Hinter getönten Scheiben schemenhaft
Gesichter, ihm neugierig zugewandt. Der Schaffner
steht breitbeinig auf dem Bahnsteig, die Pfeife im
Mund. Otto springt in den Zug.

Keine Sekunde zu früh.

Die Tür schließt sich und das vibrierende, leise Klacken unter seinen Füßen signalisiert, dass die Fahrt begonnen hat. Erleichtert lehnt er sich gegen die Verkleidung. Der Zug rattert aus dem Bahnhof hinaus durch die Randgebiete der Stadt X. bis auch die letzten Häuser und Parks in der Ferne schwinden. Wehmut erfasst Otto, als sie die Peripherie der Stadt durchfahren. Die Silhouette der Stadt steht eine Zeitlang aufrecht am Horizont, langsam kleiner werdend, bis sie in den umliegenden Hügeln verschwindet und Otto durch das Rattern des schneller fahrenden Zuges aus den Gedanken gerissen wird. Ich werde dich nicht vergessen, du schöne, ehrwürdige, aus der Zeit gefallene Stadt X. Sobald meine Reise beendet ist, werde ich, wenn irgend möglich, zurückkehren. Vielleicht begleitet mich meine Frau. Ich glaube, diese Stadt würde ihr gefallen.

Der Zug, spärlich besetzt, legt sich in eine ausgedehnte Rechtskurve. Otto betritt den Speisewagen. Sein Block fokussiert sich auf eine im hinteren Teil am Fenster sitzende Gestalt in einen dunkelblauen, gepflegten Anzug. Prose Cutor!

Otto zuckt zusammen, als habe er einen Schlag in das Gesicht erhalten. Prose lächelt ihm freundlich zu. Seinem Gesichtsausdruck entnimmt Otto, dass er ihn erwartet hat. Wie kann das sein. Er wusste, dass ich diesen Zug nehmen würde. Woher auch immer, zum Teufel. Er sitzt dort und schnuppert von einer Seite zur anderen, ganz so, als hätte er meine Anwesenheit in dem Moment gewittert, als ich den verdammten Zug betreten habe. Warum tut er das? Ist er der Wolf und ich das Lamm, das ihm nicht entkommen kann? Muss er mich das auf diese Weise spüren lassen? Seine Freude darüber, dass er mich aufgestöbert hat, reicht von einem Mundwinkel zum anderen. Immer dieses distinguierte Lächeln auf den Lippen. Wenn er wüsste, wie widerwärtig es mir gerade ist. Aber auch das wird er bereits gerochen haben. Er weiß einfach...alles. Otto kämpft mit sich, um nicht ein erbostes Knurren von sich zu geben, welches dem selbst gezogenen Vergleich mit einem Lamm wenig Ehre gemacht hätte. So sehr die Anwesenheit vom Prose noch vor kurzem zu seiner Erleichterung beigetragen hat, so verhasst ist ihm diese jetzt, da er sich nun augenblicklich in die überwunden geglaubte, von Extremen geprägte seelische Verfassung des Vortages zurückversetzt sieht.

„Was tun Sie hier?", grollt er mühsam beherrscht. Das Zittern in seiner Stimme kann Prose unmöglich entgangen sein. Ruhig atmen, du musst ruhig atmen, es entscheidet nur einer, ob du dich zum Hanswurst machen lässt und das bist du selbst.

Prose nickt freundlich. „Ihnen auch einen guten Tag. Immer noch hier, würde es besser treffen, Otto. Sie klingen gereizt. Ich hoffe, ich bin nicht die Ursache Ihrer Verstimmung." Otto überhört die letzte Bemerkung. „Was meinen Sie mit immer noch, Prose? Was ist das für ein Unsinn! Ich bin gestern aus dem Zug ausgestiegen und heute in diesen hinein, um meine Reise fortzusetzen. Was sehe ich? Sie sind ebenfalls hier und ich frage mich, wie es kommt, dass Sie in jedem Zug sitzen, den auch ich nutze."

Prose sanft lächelnd, den Kopf ein wenig schief gelegt: „Sie irren, ich habe den Zug nicht verlassen. Im Gegensatz zu Ihnen. Sie sind gestern aus- und heute wieder eingestiegen. In denselben Zug. Haben Sie das nicht bemerkt?"

Der Zorn legt sich schlagartig, weicht ängstlicher

Unruhe. „Das kann nicht sein. Ich habe gestern den an Bahnsteig 5 eingefahrenen Zug verlassen und bin heute in diesen, einen ganz anderen, Zug eingestiegen. Dass er vom selben Gleis abfährt, ist Zufall. Kein Zug dieser Welt steht vierundzwanzig Stunden am Bahnsteig, bevor er weiterfährt."

Das ist *Hokus Pokus*, denkt Otto. Allerdings hat er in letzter Zeit derart viele seltsame Erlebnisse gehabt, dass er sich nicht sicher sein kann. Wie sollte er auch. Es wird Gründe geben für den Aufenthalt des Zuges. Eine technische Panne wäre in diesem Zusammenhang akzeptabel.

Otto denkt angestrengt nach. Das erklärt jedoch nicht, warum Prose und möglicherweise auch andere Reisende solange gewartet haben sollten. Er will mich auf den Arm nehmen. Nein, das ist nicht seine Art. Das hat auch Christian bestätigt. Was sagte er über ihn? Prose ist unbestechlich. Was immer das bedeuten soll. Also eine Panne. „Es hat einen technischen Defekt gegeben. Eine Panne, richtig?" „Falsch."

Otto spürt, wie sich Unruhe und Angst ausbreiten. Die Arme beginnen zu kribbeln. Die Selbstsicherheit ist nur aufgetragen, Tünche auf einer abblätternden

Fassade.

„Warum ist...der Zug nicht...abgefahren?"

„Weil er auf einen Reisenden gewartet hat."

„Wieso...auf... wen hat er...gewartet?" Die Stimme ein flatterndes Flüstern, welches die Luft auf zarten Schwingen durchzittert wie ein aus dem Nest gestürzter Jungvogel. Otto weiß die Antwort, noch bevor sie an seine Ohren dringt. Ein unbändiges Verlangen, sich dieselben zuzuhalten, überkommt ihn. Er ringt um Beherrschung, versucht das Zittern zu unterdrücken, das in ein Beben auszuufern droht. Sein Adamsapfel zuckt. Prose wittert besorgt in seine Richtung. „Nun, wir konnten nicht gut ohne Sie abfahren. Otto, ich bitte Sie. Wir wissen doch beide, dass Sie nicht in X. bleiben, sondern die Reise fortsetzen werden. Wie wollen Sie das anstellen, wenn Ihnen kein Fortbewegungsmittel zur Verfügung steht. Der Angestellte am Informationsschalter hat Ihnen gestern erklärt, dass der Zug auf Gleis 5 auf einen Reisenden wartet. Ja, was glauben Sie, um welchen Reisenden es sich gehandelt hat. Na, um niemand anderen als Sie, mein Lieber. Machen Sie nicht ein Gesicht wie sieben Tage Regenwetter. Seien Sie froh, dass es weiter geht und wir auf Sie gewartet haben."

„Das, das konnte gestern noch niemand gewusst haben", stottert Otto. „Ich selbst wusste es ja nicht einmal. Außerdem ist vor kurzem ein Zug von Gleis 21 abgefahren. Was, wenn ich den genommen hätte."

Prose schlägt sich auf die Schenkel, als hätte Otto ein Bonmot von sich gegeben. „Ich bitte Sie Otto, der fährt in die falsche Richtung. Sonst hätten sie sich für ihn entschieden. Sie haben instinktiv erkannt, dass dies nicht Ihr Zug ist." „Ich, ich weiß doch überhaupt nicht, in welche Richtung dieser Zug gefahren ist. Es waren lediglich die äußeren Umstände, die mich..."

„...Die äußeren Umstände, ganz genau. Und Ihr Instinkt. Jetzt beruhigen Sie sich. Ich kann Ihre Irritation verstehen, zumindest ein wenig. Sie haben sich das alles nicht so vorgestellt, doch wie heißt es: Erstens kommt es anders und zweitens als man denkt. Haha, da ist mehr als ein Körnchen Wahrheit enthalten bei so einem Spruch, finden Sie nicht Otto? Na, wir werden die Sache schon meistern. Das heißt, Sie werden das tun. Denken Sie an unsere kleine Theorie vom Traum, der in Ihrem Gehirn entstanden ist, nicht in meinem. Natürlich, im Grunde handelt es sich mehr um eine Hypothese als um eine Theorie. Ist ja nichts bewiesen.

Wir unterstellen unserer Annahme lediglich eine gewisse Gültigkeit, ohne diese näher verifizieren zu können. Genug der Rede und nichts für ungut. Schlagen Sie ein und lassen Sie mich weiterhin Ihr Begleiter sein." Otto ergreift kraftlos die dargebotene Hand und lässt sich wortlos in den Kunstledersitz fallen.

Er fühlt sich paralysiert, zu erschöpft, um zu widersprechen. Mehrmals setzt er an, um wieder zu verstummen, bevor der erste Laut richtig seine Kehle verlassen hat. Zu aufgewühlt ist sein Innerstes, während sein Körper bewegungslos im Sitz verharrt. Die Erkenntnis, dass die Geschehnisse sich, einer ihm unbekannten Gesetzmäßigkeit folgend, entwickeln, ohne dass er die Möglichkeit besitzt, diese zu beeinflussen, bedrückt ihn zutiefst. Ist denn bereits alles entschieden? Ist schon alles geschehen, was geschehen kann? Prose sitzt regungslos, den Kopf schief gelegt, aufmerksam lauschend. Ottos bei jedem neuen Ansatz zum Sprechen vernehmbare Atemzüge sind das einzige äußerliche Zeichen seines inneren Kampfes.

Langsam wird sein Atem ruhig und gleichmäßig, so wie sich der See glättet, wenn die durch einen Steinwurf verursachten Wellen verebben. Gleichzeitig ordnet sich sein Denken. Das Gefühl der Betäubung weicht einer seltsamen Klarheit der Gedanken. Mit ihr kehrt seine analytische Fähigkeit zurück. Ist jede meiner Handlungen vorbestimmt? Handele ich eigentlich selbständig oder folge ich einem vorgegebenen Muster?

Der Mann am Informationsschalter hat auf meine Frage geantwortet, dass zwei Züge abfahren, einer davon jedoch noch auf einen Reisenden warten. Wenn es sich bei diesem Reisenden tatsächlich um mich gehandelt haben sollte, stellt sich die Frage, woher der Mann das wissen konnte. Ich glaube nicht, dass er persönlich gewusst hat, dass ich dieser Reisende bin, sonst hätte er mit einiger Sicherheit eine Reaktion gezeigt, die mich spätestens jetzt, in der Reflexion stutzig machen würde. Das ist aber nicht der Fall. Es gibt daher nur eine plausible Erklärung. Der Bedienstete am Schalter hat die Information von seiner vorgesetzten Stelle erhalten und mir sie im Rahmen der ihm obliegenden Auskunftspflicht mitgeteilt, so wie er dies jedem anderen Reisenden gegenüber auch getan hätte.

Somit muss ich davon ausgehen, dass ausschließlich sein Vorgesetzter gewusst hat, dass ich, Otto Hansen, mich zur Weiterreise entschließen würde. Wer mag sein Vorgesetzter sein und woher konnte dieser Kenntnis erlangt haben?

Wenn ich davon ausgehe, dass Prose recht hat und dieser Zug wirklich auf mich gewartet habe - woran ich nicht länger zweifele - dann ist dieser Entschluss von besagter Stelle wenigstens mit an Sicherheit grenzender Wahrscheinlichkeit erwartet worden. Warum die Bahn auf einen einzelnen Reisenden wartet, entzieht sich hingegen gänzlich meiner Erfahrung und ich möchte nicht spekulieren, da mich dies nicht weiterführen, sondern meine Gedanken vielmehr in eine Sackgasse lenken würde. Fraglich ist, ob meine Entscheidung zur Weiterfahrt am heutigen Tage wirklich so unerwartet gewesen ist oder vielmehr von jedem klar denkenden Menschen zu erwarten gewesen wäre. Aber das ist in jedem Fall keine Grundlage für einen Fahrplan. Ich verstricke mich richtiggehend in meinen Überlegungen. Was habe ich denn für eine Wahl gehabt? Lediglich zwei Züge sollten abfahren. Der eine von Gleis 21, einem dunklen, abweisenden und zugigen Bereich, der von

Reisenden frequentiert wurde, die wie eine Herde trauriger Schafe gewirkt haben und der andere von eben diesem Gleis 5. Natürlich habe ich mich für dieses Gleis entschieden. Eine Bauchentscheidung, soweit liegt Prose richtig. Etwas anderes war wirklich nicht zu erwarten. Das ist beinahe so, als würde man eins und eins zusammenzählen.

Man kann es beliebig oft wiederholen, am Resultat ändert sich nichts. Die einzig Unbekannte in dieser Rechnung ist die Grundsatzentscheidung. Niemand konnte mit Sicherheit sagen, dass ich nicht womöglich doch bleiben würde, um meinen Aufenthalt für längere Zeit in der Umgebung der Stadt X. festzulegen. Nach dem Bad im Fluss, in den saftig grünen Auen der städtischen Peripherie, bin ich einen Moment tatsächlich in Versuchung geraten, genau das zu tun. Einfach zu bleiben. Allerdings gibt es einige Dinge, die ich zuvor erledigen muss, von einer Beteiligung meiner Frau bei einer derart existenziellen Angelegenheit ganz zu schweigen. Ich habe nur für wenige Minuten mit der Möglichkeit des Bleibens geliebäugelt, mehr nicht. Somit war auch diese Wahl keine richtige, da echte Alternativen aufgrund der mit ihnen einhergehenden

Konsequenzen für einen verantwortungsvollen Menschen nicht vorhanden waren.

Damit war das Resultat, nämlich meine Weiterreise, letztlich recht eindeutig vorherzusehen. Hiervon konnte man wohl ausgehen, zumal nach einer vorherigen Einschätzung bzw. Beurteilung meiner Person hinsichtlich Charakter, bisherige Verhaltensweisen usw. Wer weiß, ob Prose nicht doch etwas damit zu tun hat. Er ist in der Lage, mich realistisch zu beurteilen. Die andere Alternative, dabei handelt es sich jedoch um keine echte, sondern eher um Spökenkiekerei, schließe ich aufgrund der hierfür notwendigen, zu abwegig erscheinenden Voraussetzungen aus. Diese Variante würde darin bestehen, dass sämtliche meiner Gedanken und Handlungen bereits festgelegt sind, bevor ich selbst mir überhaupt darüber bewusst bin. Gruselige Vorstellung! Nein, das kann nicht sein. Völlig abwegig. Der Mensch wäre dann nur Teil eines Programms, gesteuert durch einen Systemadministrator oder sogar durch einen außerhalb seines Wahrnehmungshorizonts tätigen Spieler, der sich des Menschen als eines bloßen Werkzeugs, gedacht einzig zur Ausführung seines

Willens und seiner Launen bedient. So ähnlich wie die Flipperkugel in einem Automaten wären wir dann. Nein. Eine Figur in einem Computerspiel wie den Sims. Die Figuren bewegen sich einzig innerhalb der ihnen zugedachten Rolle. Etwas anderes ist ihnen nicht möglich. Vielleicht bin ich eine Art Schachfigur, die nichts, aber auch gar nichts selbständig zu entscheiden vermag. Was für ein Wahnsinn. Das kann, das darf nicht sein. Ich sollte mich nicht so schnell aus der Bahn werfen lassen, ungeachtet der surrealen Träume und Erlebnisse, die ich in letzter Zeit gehabt habe. An meiner Einstellung muss ich eindeutig arbeiten.

„Geht es Ihnen besser?" Prose legt ihm vorsichtig eine Hand auf das Knie. Otto mag es nicht, auf diese Art berührt zu werden. Bevor er etwas sagen kann, zieht Prose die Hand zurück. Seine Mimik verrät Anteilnahme. „Haben Sie die Fakten verdaut, Otto?" Otto nickt. „Ich bin dabei, mich zu arrangieren. Ich möchte jetzt nicht darüber reden. Es ist, wie es ist und damit Schluss."

Prose runzelt die Stirn, erwidert jedoch nichts. Eine Zeitlang sitzen sie sich schweigend gegenüber. Otto sieht aus dem Fenster, ein undefinierbares Lächeln auf den Lippen. Prose schweigt und hält den Kopf in der gewohnten Weise, ein wenig seitlich zur Schulter geneigt, lauschend. Die groteske Absonderlichkeit seiner Situation kitzelt Otto in der Kehle.

Er prustet los, die Verspannungen im Nacken lösen sich. Ein Drang, laut loszulachen überkommt ihn. Das tut gut. Es schüttelt ihn vor Heiterkeit. Das stürmische Tief ist einem sensiblen Hoch gewichen.
Prose bewegt den Kopf von links nach rechts, die Bewegung erinnert an eine Satellitenschüssel, die auf Empfang ausgerichtet wird. Sein Gesicht hat einen amüsierten Ausdruck angenommen. Es dauert, bis Ottos Heiterkeit verebbt.

„Sagen Sie Prose, kennen Sie Forrest Gump?"
„Forrest, wen? Nein, ich fürchte nicht."
„Forrest Gump, ein Film aus den Neunzigern mit Tom Hanks, dem bekannten Schauspieler, in der Hauptrolle. Den müssen Sie kennen. Sie wissen schon, der beschränkte junge Mann mit einem IQ von 75, der mit seinen Erlebnissen Amerikas Geschichte der zweiten Hälfte des neunzehnten Jahrhunderts reflektiert und während er mit grotesken und auch dramatischen Situationen konfrontiert wird, tatsächlich mehr begreift als alle anderen,

vermeintlich viel intelligenteren Zeitgenossen. Und dies nicht trotz, sondern gerade wegen seiner Beschränktheit. Er sieht nicht die Verpackung, das lästige Drumherum, sondern stets nur den Kern einer Sache. Mit dem Herzen, nicht mit dem Verstand."

„Nein, ich kenne diesen Forrest Gump nicht. Nie von ihm gehört. Muss ein interessanter Mensch sein, dieser Forrest. Ich sehe keine Filme. Aber mir gefällt, was Sie über ihn erzählen. Nur den Kern einer Sache sehen. Mit seinem Herzen. Das ist... wirklich wunderbar."

„Ja, das ist es. Absolut. Ein herausragender Film. Also dieser Forrest Gump reduziert das Dasein auf eine einfache Formel. Er pflegt zu sagen: Das Leben ist wie eine Schachtel Pralinen. Man weiß nie, was man bekommt. Daran musste ich denken. Passt irgendwie zu meiner eigenen Reise, finden Sie nicht?. Man muss einfach das Beste daraus machen und versuchen, den Sinn hinter allem zu entdecken."

Prose Gesicht leuchtet vor Freude. „Das ist das Klügste, was ich seit langem gehört habe. Dieser Forrest Gump muss ein weiser Mann sein. Er schaut tatsächlich auf den Grund der Dinge. Und Sie beginnen auch damit. Wunderbar."

Nun lacht auch er. „Sie haben recht, Otto. Das passt ganz hervorragend zu den Erlebnissen auf Ihrer Reise. Es geht sogar weit darüber hinaus. Diese Weisheit kann auf die Erfahrungen eines jeden intelligenten Individuums in der Welt angewandt werden. So ein Sprichwort sollten wir niemals vergessen."

„Nun ja, eigentlich ist es kein Sprichwort, eher ein geflügeltes Bonmot, seit der Film ausgestrahlt wurde und viele Liebhaber gefunden hat."

„Wie auch immer." „Sie schauen wirklich keine Filme Prose? Wollen Sie mich auf den Arm nehmen?"

„Nein, ich habe in meinem ganzen langen Dasein nicht einen einzigen Film gesehen. Weder im Fernsehen noch im Kino. Ich habe auch noch niemals Radio gehört. Natürlich habe ich Berichte von dieser Form der Unterhaltung vernommen, bisher jedoch kein rechtes eigenes Interesse daran entwickelt. Sie dürfen nicht vergessen, das zumindest meine Augen schon seit langer Zeit sehr schlecht sind. Aber das ließe sich wohl beheben". Otto sieht ihn erstaunt an. „Tatsächlich?" „Nun ja, wenn ich es sage. Womöglich war es ein Fehler, sich diesem Medium nicht zuzuwenden, zumal ich von Ihnen höre, wie weise dieser Forrest Gump ist. Hat er noch mehr kluge Sachen gesagt?"

„Hm, lassen Sie mich kurz überlegen. Ich glaube, in einer Szene sagt er: Der Tod gehört zum Leben dazu. In einer anderen, in der ihm seine Dummheit vorgehalten wird: Dumm ist der, der Dummes tut. Mehr fällt mir im Moment nicht ein." Prose klatscht begeistert. „Oh das ist gut, sehr gut. Der Tod gehört zum Leben. Ebenso die Dummheit. Was für ein kluger Bursche dieser Gump ist. Sie haben mich neugierig gemacht, Otto. Ich sehe, es ist ein schwerwiegendes Versäumnis, bisher keinen Film gesehen zu haben. Das werde ich korrigieren. Ich danke Ihnen."

Otto schaut ihn nachdenklich an. „Ich weiß nicht, ob es gar so tragisch ist. Es wird auch eine Menge Unsinn gezeigt. Unglaublich, dass Sie niemals im Kino waren. Kein Fernsehen nichts. Ich fasse es nicht." Prose lacht vergnügt. „Und ich habe nichts vermisst. Bis ich Sie kennen gelernt habe, Otto.Sie haben das Verlangen in mir geweckt." Er droht scherzhaft mit dem Finger. „Am Ende sind Sie der Verführer." Otto quittiert diese Äußerung mit einem verständnislosen Blick.

Der Zug ruckelt durch die Landschaft. Otto sieht aus dem Fenster und hängt seinen Gedanken nach. Diese kommen und gehen wie es ihnen beliebt. Auf die gelegentlichen Fragen von Prose reagiert er zunehmend einsilbig, doch dessen verständnisvollem Lächeln entnimmt er, dass dieser seine Gedanken und Gefühle offenbar richtig einzuschätzen weiß. Die näheren Umstände der gestrigen Übernachtung erwähnt er nicht. Ebenso seine Gespräche mit Christian, dem Wirt. Ich finde, dass ich mich genug entblößt habe, denkt er. Bin ohnehin fast nackt, was das angeht. Wenigstens ein, zwei Geheimnisse möchte ich für mich behalten. Es ist nicht gut, wenn andere alles über einen wissen.

Wer weiß, was auf dieser Fahrt noch geschehen wird. Die nächsten Stationen und Ziele liegen im Nebel verborgen. Es ist viel geschehen in letzter Zeit.

Mitunter beschleicht ihn das Gefühl, Prose könnte in seinen Kopf hineinsehen, vielleicht nicht mit den Augen, aber er ist sich sicher, wenn dieser eine Sache in Erfahrung bringen möchte, dann wird es ihm auch gelingen. Ankläger und Reiseführer in einem. Das ist wirklich kurios.

Die Wiege der Menschheit

Der Zug erklimmt ächzend und stöhnend einen steilen Berg. Metall kreischt. Die Geschwindigkeit nimmt ab. Dann ist es geschafft. Oben angekommen überqueren sie ein großes, flaches Plateau. Die spärliche Vegetation weicht einer Gebirgsformation, die sich zu beiden Seiten einer Senke steil in die Höhe schraubt. Feiner Sand wirbelt über ödes Gestein. Die Sonne steht im Zenit. Die Landschaft ist in gleißendes Licht getaucht.

Otto starrt aus dem Fenster, den Kopf in die Hände gestützt. Prose hat die Augen geschlossen, er scheint eingenickt zu sein. Die Bahn taucht in eine Senke und hält unvermittelt mit kreischenden Bremsen. Ein zischendes Geräusch ertönt, dann ist es still. Prose schläft, die schmale Brust hebt und senkt sich im Rhythmus der Atemzüge. Otto schaut lange Zeit nach draußen. Der Zug steht. Abwartend. Lauschend?

Otto erhebt sich und verlässt das Abteil, um die Ursache für den Halt zu ergründen. Die Außentür des Wagens ist weit geöffnet. Otto beugt sich an den Griffen festhaltend weit hinaus und sieht, in der Erwartung, den Zugbegleiter zu entdecken, am Zug entlang. Niemand ist zu sehen. Es ist heiß. Die Luft über dem Plateau flimmert und verzerrt die Konturen der Landschaft. Otto ist hin und her gerissen. Er beschließt, sich umzusehen. Das Beste draus machen, denkt er. Die Tür steht offen, die Maschine ist aus. Wenn das keine Einladung ist. Was kann schon passieren. Prose schläft, er sieht seltsam aus, wie er da am Fenster lehnt, mit geöffnetem Mund. Wie ein Fisch, vielleicht eine Makrele. Nein, eine Makrele ist ein Schwarmfisch. Das passt nicht gut zu Prose. Nein, wenn er an einen Fisch erinnert, dann eher an ein seltenes Exemplar, vielleicht eine Meerkatze, einen Geisterhai. Wie ein Geist taucht er immer dann auf, wenn man ihn eigentlich an einem ganz anderen Ort vermutet. Und wie diese geheimnisvollen Wesen lebt er in unzugänglichen Sphären, falls er nicht von meinem Hirn ausgebrütet wurde, versteht sich. Lebt die Meerkatze in der Tiefsee, so hält auch Prose sich an Orten auf, die sich dem Blick entziehen. Davon bin ich überzeugt. Ob ihn dieser Vergleich amüsieren würde, so wie die Geschichte von Forrest Gump, wenn ich ihm erzähle, dass er im Schlaf wie eine Meerkatze aussieht? Wer weiß. Vielleicht werde ich es ihm erzählen. Dann wird man sehen. Wie warm es draußen ist. Mein Gott, eine unmenschliche Hitze.

Jenseits des Plateaus auf dem der Zug steht, senkt sich die Landschaft in ein Tal, dieses ist zerschnitten von einem ausgetrockneten, steinigen Wasserlauf. Der Blick bleibt an einer rotbraunen, aus einzelnen Quadern zusammen gefügten steinernen, annähernd hundert Meter breiten und mindestens halb so hohen Wand hängen. Eine mächtige Veste, ein Monument für die Ewigkeit, doch nicht von Menschenhand erschaffen. Dem Schoß der Erde entwachsen, steht die mächtige Wand eingangs der sich öffnenden Schlucht.

Otto steigt aus. Er durchquert die karge Landschaft, seine Füße wirbeln rötlichen Staub auf, ihm ist, als würde ein Wispern durch die Luft schweben. *Oldupai, Oldupai*, dringt es an seine Ohren. Die Luft steht in zitternden Schlieren über dem dampfenden Boden, taucht die Objekte in konkave Formen, begrenzt durch verschwommene Ränder. Ist es der Wind, der ihm einen Streich spielt oder hört er tatsächlich, die über die Senke wehenden, vertrockneten Blätter flüstern.

Ihm ist, als würde er fliegen. Der Boden unter ihm scheint in Bewegung, er gleitet darüber hinweg, die

Landschaft zieht vorbei. Die rote Wand kommt näher, sie besteht aus einem einzigen, schartigen Block. Nicht einzelne Quader sind es, die das Auge zu sehen glaubte, vielmehr schroffer, hervorspringender Stein. Dahinter eine weitere Senke, sich in einen Canyon verwandelnd, begrenzt von felsigen Wänden. Die Luft ist dünn, die Hitze bringt sie zum Zittern. Der Boden vibriert infolge einzelner, tief aus dem Schoß der Erde kommender Stöße. Einige Kilometer entfernt sprüht Lava aus der Erde, fließt in einer natürlichen Rinne stockend talwärts.

Etwas Großes ist in Gange. Die Reise geht weiter. Über den Rand eines gewaltigen, eingebrochenen Kraters zieht es Otto Meter um Meter nach unten, bis auf den Grund des unruhigen Bodens. Ist das eine Halluzination? Er ist ein Zwerg im Reich von Riesen. Auf unsicheren Füßen, schwankend, staunend, inmitten des alten Einbruchkraters, dessen Durchmesser viele Kilometer beträgt. Erstarrte Lava hat die Hänge an einigen Stellen mit einer harten körnigen Kruste überzogen. Pyroklasten bedecken eine große Fläche.

Zahlreiche Tiere bevölkern den Krater. Zebras,

Löwen, Gnus und Büffel ziehen über eine an den Horizont stoßende Grasfläche. Eine Herde Thomson-Gazellen schnellt vorüber, die fragil wirkenden Tiere katapultieren sich ohne erkennbare Mühe grazil in die Höhe. Gras, Wasserstellen und Akazienwälder soweit das Auge reicht. Eine Gruppe Flusspferde suhlt sich im Wasser eines kleinen Sees. Schlamm spritzt, zwei Jungtiere drängen zur Mutter, um nicht von den mächtigen Leibern der Bullen zerdrückt zu werden. Aus dem kniehohen Gras dringen schnalzende Töne. Eine Schlange windet sich um einen Stein, eine dünne Schleifspur auf dem feinkörnigen Boden hinterlassend. Es ist eine abgeschiedene Welt inmitten des großen Kraters, dessen Seitenwände an dieser Stelle hunderte von Metern hoch sein müssen. An den Kraterrändern fließend im Übergang Busch und Heideland. Baumgruppen, die an den steilen Flanken kleben, als seien sie für die Ewigkeit befestigt. Die Erde zittert in dumpfen Stößen, Otto fährt zusammen. Wenige Meter entfernt trabt ein gewaltiges Nashorn vorbei, ohne ihn eines Blickes zu würdigen. Otto sieht deutlich die zwei Hörner auf dem riesigen, gedrungenen Schädel, wobei das untere nahezu einen Meter misst. Er wischt sich über die Augen. Mit angehaltenem Atem steht er im hohen

Gras, welches samtig über seine Handrücken streicht.

In der Ferne bewegt sich eine Gruppe Menschen in gebückter Haltung, Speere in den Händen, um gleich darauf in eine Bodenvertiefung einzutauchen. Über allem weht ein ruhiger zeitloser Atem. Der Wind berührt ihn warm im Nacken. Weiter über ausgetrocknete, segmentierte Flussbetten, sprudelnde Geysire, blubbernde Blasen, eine in Geburtswehen liegende, krampfende Erdkruste, aus dem Schoß ihrer Trockenheit glühende Ströme pressend, zähflüssiges Magma, zitternd wie ein neugeborenes Rehkitz. Wälder und Täler, Geröllwüsten, steile Berghänge, sanft geschwungene Ebenen, Wasserläufe, große und kleine Seen, saftige Wiesen. Sanft gezeichnete Hänge ziehen sich hinauf und hinab, Kilometer um Kilometer, stets eingerahmt von Felswänden, enge Schluchten bildend, wieder auseinanderstrebend.

Viele Kilometer voneinander entfernt stehende steinerne Mauern, dem Blick zeitweilig entzogen, um irgendwann erneut aufeinander zuzulaufen. Das alles im steten Wechsel. Weiter durch den großen Graben, welcher die Landschaft prägt, die einzige Konstante in einer sich verändernden Welt.

Die See, schäumend hinter steilen Klippen verborgen, dem ungeduldigen Auge endlich Einlass gewährend, der Blick streicht über eine unendlich scheinende Wasserfläche, salzige Fontänen wehen über eine gekräuselte Oberfläche. Weiter und weiter an den Klippen entlang, ein Schwenk zurück ins Landesinnere, steil hinauf in östlicher Richtung. Wüsten, Berge, tiefe Schluchten, stets am Rand des großen Grabens, der sich nach Belieben zu heben und zu senken scheint. Erneut öffnen und schließen sich Felswände. Fruchtbarkeit und Ödnis wechseln einander ab. Das Bild gerät ins Stocken, um schließlich zu gefrieren und sich aufzulösen wie schmelzendes Eis.

Die Szene wechselt. Eine einsame Gegend in den Bergen. Der suchende Blick bleibt an dem Gebäude einer halbverfallenen Bahnstation hängen. Otto sieht den im Nirgendwo verschwindenden, mit Rost überzogenen Gleisen hinterher. Der Wind weht durch die offen stehenden Türen des verlassenen Gebäudes. Abgestorbene, entwurzelte Sträucher auf den Gleisen, den wechselnden Luftströmungen ausgesetzt. Auf einem verbeulten Schild ein Name:

Dire Dawa.

Die Gleise glänzen rötlich metallisch, die Station scheint seit langem leer zu stehen. Die Fensterläden klappen auf und zu, schlagen mit mechanischen Bewegungen den Putz aus den unansehnlichen Wänden. Der Wind streicht über das karge Land, dunkle Wolken ziehen darüber hinweg, dazwischen einzelne Flecken eines blassen Himmels. Die staubige Straße müht sich in Serpentinen weiter den Berg hinauf. Otto folgt dem sich windenden Weg. Sandkörner nisten in seinen Haaren, knirschen zwischen den Zähnen. Stunde um Stunde, so scheint es ihm, wandert er auf dem staubigen Band. Endlich eine Abwechslung im eintönigen sandigen Nirgendwo. Ein kreisförmiger, freier Platz, dem Wind ungeschützt preisgegeben.

Otto registriert eine Bewegung nahe einer Felswand. Mit zusammengekniffenen Augen nimmt er eine Gestalt wahr, in den Schutz eines Vorsprungs gekauert, eingehüllt in weite Tücher, ein Bündel im Arm. Die Bewegungen erscheinen Otto seltsam vertraut. Ein nahestehender Mensch, eingewoben in das Spinnennetz der Vergangenheit.

Er tritt näher und spürt einen Stich im Herzen. Wie viele Jahre mögen vergangen sein, seit er die Frau, die sich dort zusammenkauert, das letzte Mal gesehen hat? Fünfundzwanzig Sommer und Winter sind seitdem über ihn hinweg gezogen. Ihr Blick ist auf ihn gerichtet, warm und fest. Keine Bitterkeit hat sich in dem schmalen Gesicht niedergelassen, nur eine Spur von trauriger Verlorenheit meint er zu erkennen. Mit einer anmutigen Bewegung streicht die Frau das Tuch von ihrem Kopf. Das Bündel streckt sie ihm entgegen.

Tränen füllen Ottos Augen, als er ungläubig hinein sieht. „Ist das mein Sohn?"„Ja, das ist Lasse." Er betrachtet erst das Kind, dann die Frau. „Du bist schön Liv, du hast Dich nicht verändert, seit damals."„Ich weiß, Otto. Damals und Heute haben an diesem Ort keinerlei Bedeutung. „Was ist das für ein Ort und was führt dich hierher. Nach all den Jahren...?"

„Dies ist deine Reise, nicht meine. So bin nicht ich zu Dir, sondern vielmehr Du zu mir gekommen."„Wie kann das sein? Das ist unmöglich."

„Und doch ist es so. Frag nicht mich." Sie sieht ihn

ruhig an, in ihrem Blick erkennt er Mitleid. Er sieht sich selbst in dem fremden Auge, das Gesicht grotesk verzerrt.

Verzagt und mutlos sieht er aus. Erschrocken weicht er zurück. „Ich weiß nicht, wie ich an diesen Ort gelangt oder zu dieser Reise gekommen bin. Es ist einfach geschehen. Vielleicht träume ich, vielleicht bin ich tot. Dinge passieren, ich rutsche von einer Geschichte in die nächste. Bin ich tot, Liv, sind wir beide tot?"

Das Kind beginnt zu weinen. Die Frau streichelt seine Wange. Der kleine Junge verstummt.

„Fürchte dich nicht, Otto."

„Also doch!" Er macht ein paar hilflose Bewegungen, ein flügellahmer Vogel, der versucht, sich in die Lüfte zu erheben. Die Frau lacht leise. „Ich fühle mich nicht - tot. Und wenn es so wäre? Ich bin mir nicht sicher, ob es so etwas wie den Tod überhaupt gibt. Möglicherweise handelt es sich um eine Erfindung von uns, weil wir es einfach nicht besser wissen. Es geht immer weiter. Nimm es an oder lass es bleiben. Die Entscheidung liegt bei dir."

Sie stehen so nah beieinander, dass ihre Haare in Ottos Gesicht flattern, sie legen sich um seinen Kopf wie eine weiche Maske. Ein bekannter Duft steigt ihm in die Nase, etwas süßlich und gleichzeitig frisch, ein Prickeln läuft über seinen Rücken. Er liebt diese Chypre-Note. Zitrus-Frische, Spuren von Eichenmoos und Patchouli. Die warme Sinnlichkeit der Geruchsaromen weckt weitere Erinnerungen

„Verzeih mir, Liv. Ich bin jung gewesen und dumm. Ich hätte dich nicht verlassen dürfen, Dich und das Kind. Es gab keinen Grund. Nichts, was mein Tun rechtfertigen könnte. Ich war feige und nicht bereit, mich der Verantwortung zu stellen. Ich habe Dich nie vergessen, keinen Tag. Wie ein dunkler Schatten hat die Sache all die Jahre auf mir gelegen und dennoch habe ich nichts unternommen, um etwas daran zu ändern. Ich habe sogar vor jedem meiner zwei Umzüge das Telefonbuch zu Rate gezogen, um sicherzugehen, dass Du nicht in der Stadt lebst. Kannst du dir das vorstellen? Ich wollte dir nicht eines Tages unvermittelt über den Weg zu laufen. Hatte Angst, dass Du Unterhaltszahlungen geltend machen könntest, eine Vaterschaftsklage, die meine Karriere hätte gefährden können. Ich war ein Schwein, hatte nicht mal den Mut, dir ins Gesicht zu sagen, dass ich dich verlassen würde. Ein schäbiger Zettel, angebracht mit Tesafilm am Kühlschrank, das war alles, was ich über mich gebracht habe. Drei Worte: Ich muss gehen. Wie ein Dieb in der Nacht habe ich mich fort geschlichen."

Scham übermannt ihn. Er schlägt die Hände vor das Gesicht. Die zarten Finger des Kindes greifen in sein Haar, spielen mit den Strähnen. Die Haut des Kleinen riecht nach Penaten-Creme. Otto reibt sich erschöpft über die rot gewordenen Augen. „Ich habe in der Zeitung gelesen, was du getan hast. Die Anzeige deiner Mutter. Du musst sehr verzweifelt gewesen sein. Verzeih mir."

Sie lächelt wehmütig. „Das war vor langer Zeit. Ich habe dir verziehen. Du kannst dir selbst nicht vergeben."

„Ich war ein Scheißkerl. Oberflächlich und egoistisch." „Das warst Du, In der Tat."

Ihm schwindelt. Der Wind flüstert die letzten Worte.

In der Tat. In der Tat...

Die Frau mit dem Kind ist fort. Otto spürt dass die beiden ihn verlassen haben, bevor er die Augen aufschlägt und den leeren Platz erblickt. Traurigkeit nistet in ihm wie ein Holzbock, der sich in das Fleisch bohrt. Er schleppt sich den Berg hinauf. Was soll er noch hier? Sonne und Regen wechseln.

Der Wind peitscht Sand in sein Gesicht. Unermüdlich arbeitet er sich weiter den gewundenen Pfad hinauf. Dunkelheit umgibt ihn und Dunkelheit ist in ihm. Mehrmals blickt er sich um, in der Erwartung, Prose würde ihm folgen. Er weiß nicht, ob er sich darüber freuen würde, ihn jetzt zu sehen. Doch er ist allein. So müht er sich weiter, in die Nacht hinein, die ihren Zenit bereits überschritten haben muss. Am Himmel prangt deutlich das Sternbild des Horologiums, die Pendeluhr. Er weiß, dass das aus einer Kette lichtschwacher Sterne bestehende Horologium ein unscheinbares, in Städten meist schlecht zu sehendes Sternbild ist. Der Tatsache, dass es sich deutlich vom schwarzen Himmel abgrenzt, entnimmt Otto, dass die nächste Siedlung weit entfernt bzw. auf der anderen Seite des Berges liegen muss. Keine Lichtquelle schwächt das Bild am Himmel. Wo sind die anderen Sternenbilder, die Gefährten seiner Kindheit? Otto kann sie nicht entdecken. Die Pendeluhr ist wenigstens ein bekanntes Zeichen des südlichen Himmels. Danach scheint er auf der Erde und mit einiger Wahrscheinlichkeit in Afrika zu sein. Allein die Tiere sind ein sicheres Indiz dafür. Würde ihm allerdings jemand sagen, er sei auf der Venus, er wäre geneigt, dieser Aussage Glauben zu schenken.

Mag sein, dass sich das Firmament einfach in seinen Traum projiziert hat. Er weiß eigentlich überhaupt nichts. Das Sternbild der Pendeluhr ist jedenfalls gut. Passt zu meiner Situation, denkt er, ob Traum oder nicht. Nach welcher Seite wird das Pendel in meinem Fall wohl ausschlagen? Ob es mich entzwei schlägt? Wir werden sehen.

Mein Schädel schmerzt, ich kann nicht mehr, muss mich einen Moment hinlegen. An einer vor Wind und Regen geschützten Stelle rollt er sich hinter einem umgestürzten Baum zusammen und versinkt in einem bleiernen Schlaf, noch ehe seine Gliedmaßen vollständig den harten Boden berührt haben.

Er erwacht mit steifen, schmerzenden Muskeln. Der Tag ist fortgeschritten, die Sonne steht gleißend hoch am Himmel. Im Schatten des Baumes liegend hat sie ihn erst Stunden nach Tagesanbruch mit ihren Strahlen erfasst und geweckt. Otto kann sich wieder nicht an einen Traum erinnern. Ob das ein gutes Zeichen ist? Er schüttelt den Staub aus den Sachen, legt das Jackett über die Schulter und macht sich auf den Weg. Die Straße unter ihm gleitet fort. Müdigkeit und Verspannungen fallen ab von ihm wie welke

Blätter.

Nur kurz erfrischt er sich in einem fließenden Bach, dessen klares Wasser süß und frisch schmeckt und seine Sinne erquickt. Den Hunger stillt er mit einer wohlschmeckenden Feigenart und einigen schnabelförmigen, grünen Schoten, deren Aussehen ihn an menschliche Finger erinnert. Er hat diese Pflanzen nie zuvor gesehen, aber sie riechen bekömmlich und tun seinem Magen gut. Mit weit ausgreifenden Schritten marschiert er ungeachtet der Hitze auf der menschenleeren Straße.

Welch ein Unterschied zu dem gestrigen, mühseligen Abschnitt. Wie sauer ist ihm dieser geworden, wie beladen sein Gemüt mit Schuld und Scham.

Er ist sich seiner Verfehlungen heute, unter der wärmenden Sonne, ebenso bewusst, wie in der vergangenen Nacht, die ihn mit Wind, Regen und Sandfontänen geißelte. Doch an diesem Morgen fühlt er sich ungleich frischer, gedanklich klarer, entschlossener. Er wird den einmal eingeschlagenen Weg zu Ende gehen, soweit es an ihm ist, das zu entscheiden.

Dazu ist er fest entschlossen.

Im Hochland

Die heißen Nachmittagstunden verbringt er dösend im Schatten eines Eukalyptusbaumes. Mit Anbruch der Abendstunden setzt er seinen Weg fort. Eine halbe Stunde später sieht er eine große, von einer gewaltigen Mauer umkränzte Stadt unter sich liegen. Das Stadttor in Form einer Krone glänzt in der Abendsonne wie pures Gold. Die Sonne rutscht hinter den Vorhang des Horizonts, als Otto das Tor durchschreitet. Ein kühler Abend im Hochland bricht an. Scharen von Menschen strömen in die Stadt. Ihr Aussehen verrät Otto, dass es sich um Ostafrikaner handeln muss. Feingliedrige,hochgewachsene dunkelhäutige Männer und Frauen mit ebenmäßigen Gesichtszügen, gehüllt in traditionelle, vielfarbige Gewänder. Die Köpfe der Frauen sind mit bunten Tüchern geschmückt. Ausladende Warenkörbe werden auf filigranen Häuptern balanciert, zwischen ihnen drängen beladene Esel. Verwinkelte enge Gassen führen ins das Labyrinth einer viele tausend Seelen zählenden Gemeinde.

Ockerfarbene Häuser säumen die Gassen, mittendrin Farbtupfer. Einzelne Wände, sogar ganze Häuser in Blau und Grün.

Bunte Holzbalkone an rissigen Fassaden. Das üppige Blätterdach von Palmen und Eukalyptusbäumen beschirmt die Gehsteige. Die Hufe gelassen kauender Kamele klappern über kopfstein-gepflasterte Wege. Auf einem Markt werden bunte Stoffe feilgeboten, getrocknete Früchte lagern auf einfachen Tüchern. Die Händler sitzen auf dem Boden, feilschen gestikulierend mit ihren Kunden. Eine Stück weiter eine Treppe, darauf ein älterer Mann, braune und graue Schlangen um seinen Hals, eine von ihnen steckt züngelnd ihren Kopf in den aufgerissenen, von wenigen braunen Zahnstummeln gesäumten Mund des Alten. Otto geht verzaubert weiter. Vor einem blau gestrichenen Hoftor eine Frau mit grünem Kopftuch, gekleidet in ein weites rosa Gewand. Sie bietet ein bunt verziertes Tuch feil. Er schüttelt den Kopf, darauf weist sie auf zwei Schalen und darauf aufgetürmte gelbe und grüne Früchte, ruft ihm etwas in einem fremdartigen Dialekt hinterher.

Otto stolpert weiter. Die Gasse weitet sich zu einem offenen Platz, auf welchem er einen Baum erblickt, dessen knorrige Wurzeln sich um ein seltsames kleines Gebäude schlingen. Eine Moschee, Otto mag es zunächst nicht glauben.

Nach Inaugenscheinnahme bleibt kein Zweifel, es handelt sich tatsächlich um einen sakralen Bau, eine Minimoschee, von einem Eukalyptusbaum vereinnahmt. Er steht staunend davor, sucht das, was das Auge erfasst, zu begreifen. Wächst der Himmel in die Erde hinein oder verhält es sich umgekehrt? Nur mit dem Herzen sieht man richtig gut, das Auge gaukelt manches vor, denkt er. In dunklen Hauseingängen hocken Männer auf ihren Fersen, rauchend und gestikulierend ihren Geschäften nachgehend. Frauen in weiten goldbestickten Gewändern aus purpurfarbener und türkisblauer Seide sitzen auf ausgebreiteten Tüchern. Zu ihren Füßen Korbflechtarbeiten und silberner Schmuck. Otto windet sich durch das summende Gewühl, Lampen werfen gelbe Lichtbögen auf das grobe Pflaster. Im Schatten des hohen, mehrere Meter breiten Walls, welcher die Stadt vollständig zu umgeben scheint, hüpfen Kinder unter gefährlich tief hängenden Balkonen über die glatten Steine. Lachende Münder, Zahnlücken unter dunklen Locken, selbstvergessen im Spiel. Otto bleibt stehen, schaut wehmütig zu. Das Spiel der Kinder, ihre unbekümmerte Hingabe erscheinen ihm als ein versunkenes Paradies. Eine Fata Morgana, in unerreichbarer Ferne liegend. Nähe vorgaukelnd, doch nicht greifbar, eine verschwommene Spiegelung der Realität.

Ist das hier alles eine Projektion? Ein Abbild von was auch immer? Was ist real, was nicht. Bin ich es? Lebe ich, habe ich jemals gelebt oder ist meine Existenz ein fließender Traum, geträumt von jemandem, den ich nicht kenne und nie kennen lernen werde. Eine Marionette der Phantasie von etwas Größerem, zu dem ich mich verhalte, wie ein Hund gegenüber seinem Herrn. Ich erkenne einzelne, oberflächliche Handlungsweisen, aber nicht das Gesamtbild. Gibt es ein **Ich** oder nur ein **Wir**. Ich stehe auf meinen Füßen, inmitten einer Stadt irgend eines fernes Landes in Ostafrika, wenn ich meinen spärlichen geografischen und ethnologischen Kenntnissen trauen darf. Vielleicht liege ich aber auch in meinem Bett, neben mir der vom Schlaf erwärmte Körper meiner Frau und träume dies alles. Meine Verfehlungen, meine Schuld, hat es sie wirklich gegeben oder sind sie Teil der Projektion? Was geschieht mir und weshalb wechseln sich Entschlossen- und Verzagtheit ständig ab? Otto durchschreitet erneut das große kronenförmige Tor, durch welches er die Stadt betreten hat.

Diesmal in umgekehrter Richtung. Nur wenige Menschen kommen ihm entgegen. Eine Weile spaziert er nachdenklich entlang der großen Mauer. Abseits des Tores sitzen zwei Männer im Schatten auf einem großen Stein. Zwischen ihnen ein großer Eimer. Insekten surren aufgeregt durch die Dunkelheit. Ein kreischender Laut ertönt. Otto fährt zusammen, ein elektrisches Prickeln läuft über seine Haut, die Nackenhaare richten sich auf. Einer der Männer hat sich erhoben und schreit mit furchterregender Stimme in die Nacht. Die Laute haben nichts Menschliches und Otto fragt sich mit klopfendem Herzen, ob es sich um einen Verrückten handelt, der dort kreischt. Einige herum streuende Hunde bellen und keifen unruhig. Dann herrscht Totenstille. Alles Leben scheint abgeschnitten. Etwas liegt in der Luft, drückend und bedrohlich. Otto hält den Atem an. Grauen befällt ihn. Unwillkürlich nähert er sich den Männern, er möchte nicht allein sein, das Stadttor ist schon zu weit entfernt. Die Spannung ist mit Händen zu greifen.

Die Gesichter der Männer auf dem Stein nehmen Konturen an. Ein alter Mann mit grauen, verschwitzten Haaren, er ist es, der geschrien hat. Neben ihm sitzt...

„Prose!" ruft Otto halb erschrocken, halb erleichtert. Prose Cutor winkt ihn heran, er legt die Finger auf die Lippen. Otto nähert sich mit verkrampften Muskeln. Sein Atem flattert in unregelmäßigen Stößen aus dem Mund. Prose nickt ihm beruhigend zu. Er zeigt auf den alten Mann. „Das ist Abbis, ein äthiopischer Hirte. Setzen Sie sich und seien Sie ruhig." Otto nimmt zaghaft Platz. Was geht hier vor?

Aus dem vor ihnen stehenden, offensichtlich aus einem alten Benzinkanister gefertigten Eimer dringt ein ekelhafter Geruch nach Blut und verfaulendem Fleisch. Der weite Umhang des Alten flattert im Wind. Etwas nähert sich aus der Dunkelheit. Die Luft ist elektrisch aufgeladen. Leichtfüßig über die Erde trabende Schatten in der drückenden Wärme, gebückt, auf weichen Ballen. Die Schattenwesen nähern sich. Ein Gleiten und Fließen zwischen den alten Eukalyptusbäumen. Otto spürt es, bevor er es sehen kann. Prose schaltet eine Taschenlampe an. Der Lichtschein zuckt über den sandigen Boden. Die Luft ist geschwängert mit einem abstoßenden, animalischen Geruch. Es riecht nach Gefahr, streng und intensiv. Ottos Herz schlägt wie eine Trommel, wild und unregelmäßig.

Der Geruch ist jetzt fast greifbar. Otto fühlt sich, als würden zwei Wände beständig näher rücken und er befindet sich dazwischen, inmitten eines sich rasch verkleinernden Raumes, ohne eine Möglichkeit zur Flucht. Er schielt zum Tor, doch das ist zu weit entfernt. Die in ihm nistenden Gene seiner Ahnen und Urahnen erwachen schlagartig. Er weiß, ohne zu sehen, dass das Herz der Finsternis direkt auf ihn und die neben ihm sitzenden Männer zuhält, wie ein Schiff das unbeirrt den eingeschlagenen Kurs verfolgt. Der alte Mann stößt einen kreischenden, klagenden Schrei aus. „Wasa-Wasa-Wee, Wasa-Wasa-Wee" Jetzt ruft er das schwarze Herz dort draußen mit Namen, beschwörend: „Butha, Shanko, Tika !"

Prose zwinkert Otto zu: „Er ruft seine Mitarbeiter." Das rasiermesserscharfe Lächeln in Prose Gesicht beunruhigt ihn zutiefst. Die Zähen klappern in Ottos Mund, ohne dass er es verhindern kann. Er spürt, wie der links neben ihm sitzende Prose ihn interessiert beobachtet. Dann geschieht es: Gelb leuchtende, runde Augenpaare blitzen in der Dunkelheit. Sie reflektieren das Licht der Taschenlampe. Jetzt sondern sich graue Schatten von dem pechschwarzen Hintergrund ab.

Sieben Gestalten treten mit schaukelnden Köpfen wie Höllenhunde aus der Nacht in den Kegel des Lichts. Otto ringt nach Atem. Das sind Wesen aus der Welt der Schatten. Zerberus, oh Zerberus, mein Gott, hilf mir. Ist dies die dunkle Pforte oder bin ich schon ganz unten angelangt, im innersten Kreis der Hölle.

Prose neben ihm lacht leise, so als würde er seine Gedanken erraten. Seine Haare liegen sorgfältig frisiert an dem schmalen Kopf, der dunkelblaue Anzug sitzt makellos wie Immer. Otto ist entsetzt. Die wuchtigen Köpfe der grauenhaften Geschöpfe sind gesenkt, sie pendeln leicht von einer Seite auf die andere, wobei sie fürchterliche Gebisse entblößen. Der alte Mann stimmt eine Art Singsang an, offenbar kommuniziert er mit den Geschöpfen.
„Passen Sie gut auf", flüstert Prose.

Abbis der Hirte, holt eine Knochenkeule aus dem Kübel und schwenkt diese lässig in der Hand. Schwarzes Blut tropft auf den staubigen Boden. Die Geschöpfe nähern sich schrittweise mit gesenkten

Köpfen, die gelben Augen schielen nach oben. Otto rutscht unruhig über den großen Stein. Er rings mit dem Impuls, aufzuspringen und schreiend davonzulaufen.

„Reißen Sie sich zusammen", flüstert Prose. Wenn Sie ruhig sitzen bleiben, wird Ihnen nichts geschehen. Sie müssen Vertrauen haben. Das hier können Sie nicht kontrollieren. Was hier passiert, liegt außerhalb Ihres Einflusses."

Otto denkt an die Drei-Sekunden-Regel zur Vermeidung von Panik. Drei Sekunden einatmen, drei Sekunden Atem anhalten und mindestens drei Sekunden ausatmen. Mein Gott, ich drehe durch. Reiß dich zusammen. Ich kann nicht. Doch, du kannst! Es geht alles, man muss es nur wollen. Haha, als ob du über irgendetwas in den letzten Tagen die Kontrolle gehabt hast. Kontrolle ist eine Illusion, die der Reduzierung innerer Konflikte dient, weil sie uns ein Gefühl der Sicherheit vorgaukelt. Atme! Geht doch, das Herz schlägt schon langsamer.

Prose scheint sich prächtig zu amüsieren. Derweil hat sich das erste der schrecklichen Wesen so weit angenähert, dass es direkt vor ihnen geifert. Die

Ohren gespitzt, starrt die gefleckte Kreatur sie mit boshaftem Blick an, die Fratze mit dem großen Maul zu einem teuflischen Grinsen verzerrt. Lange Vorderläufe, abfallender Rücken, kurze Hinterbeine. Die Schulterhöhe beträgt mindestens einen Meter. Um Gotteswillen, das ist eine Hyäne, durchfährt es Otto. Will der Wahnsinnige dieses gefleckte Monster etwa füttern? Das darf nicht wahr sein. Sie wird uns angreifen und zermalmen....Atmen, du musst atmen, nichts anderes, lass es geschehen, du kannst es nicht ändern. Aber es ist ungeheuerlich. Ich will das nicht, nicht hier sein, möchte nach Hause. Hilfe! Ruhe jetzt, du MUSST es geschehen lassen, sonst wird sie dich zerfleischen und die anderen auch.

Das ist die Probe, das Exempel. Er erkennt es an den Blicken, die der Ankläger ihm zuwirft. Atme weiter und vertrau auf das, was Prose gesagt hat. Eine andere Möglichkeit, das hier zu überstehen, gibt es nicht. Drei Sekunden ein, drei Sekunden halten, drei Sekunden aus. Und weiter, immer weiter. Die Hyäne hat den Hirten erreicht und schnappt mit zuckenden Lefzen nach... der blutigen Keule. Der Alte herrscht sie an, worauf sie sich demütig ein Stück zurückzieht. Er ruft sie mit Namen und ermahnt sie gleichzeitig, nicht gierig zu sein. Mit eingeknickten Läufen nähert sie sich von neuem und präsentiert ihr furchteinflößendes Gebiss. Mit vorsichtigen Bewegungen nimmt sie die Keule aus der Hand des Alten entgegen, balanciert sie in in ihrem mörderischen Fang in die angemessene Position und tritt hoppelnd den Rückzug an.

Die anderen, im Halbkreis um den Stein postierten Tiere bilden bereitwillig eine Gasse. Keines startet einen Versuch, dem ersten die Beute streitig zu machen. Nach und nach drängen sie heran. Jedes erhält seinen Anteil.

Prose, Otto und der alte Hirte sind von schmatzenden Hyänen umgeben, während der Alte unter stetem Singsang den unersättlichen Mäulern ein Fleischstück nach dem anderen darbietet. Prose beugt sich zu Otto, während das Fell der gerade heran drängenden Hyäne über dessen Unterschenkel streicht. Ein säuerlich-strenger Geruch steigt auf. Einige Hyänen kichern. Ein sabberndes, zufriedenes, ein widerliches Lachen.

„Erstaunlich, nicht wahr? Das sind Tüpfelhyänen. Sie sind in der Lage, den Oberschenkelknochen eines

Zebras mit einem einzigen Biss zu zerbrechen und dennoch tun sie uns nichts, sie fressen dem Alten aus der Hand." Die größte der Hyänen nähert sich. Der Alte nimmt ein tropfendes Stück Fleisch zwischen die Zähne. Ottos Herz fällt erneut in einen unruhigen Trab. Die Hyäne nimmt das feilgebotene Stück aus dem Mund des alten Mannes in ihren riesigen Fang.

Dann zieht sich das Tier rasch zurück, um wenige Meter entfernt hastig die Beute zu verschlingen. Das Ritual wiederholt sich, bis der Kübel geleert ist. Zum Beweis, dass kein Fleisch mehr vorhanden ist, dreht der Alte das übel riechende Behältnis auf den Kopf. Blut tropft langsam in den Sand. Die Hyänen beäugen den Kübel enttäuscht.

So rasch wie er begonnen hat, ist der Spuk beendet. Eine nach der anderen verschwinden die Tiere schwankend in der Dunkelheit. Der säuerlich-strenge Geruch hält sich bis zuletzt in der Luft. Schließlich ist er nicht mehr wahrnehmbar. Die Luft riecht wieder frisch, das Gefühl der Bedrohung weicht der einsetzenden Entspannung einer friedlichen Nacht im äthiopischen Hochland. Der alte Hirte erhebt sich, murmelt einen Gruß und verschwindet durch das Tor. Otto und Prose sitzen nebeneinander, sie lauschen den Geräuschen der Nacht. Prose, den Kopf ein wenig schief gelegt, wirkt nachdenklich. Otto stößt den angehaltenen Atem aus. „Warum hat der Alte das getan? Was war das für eine Teufelei?"

Er fährt sich über das schweißnasse Gesicht und murmelt „Irgendjemand hat gesagt, dass es keinen anderen Teufel gibt, als den, den wir in unserem eigenen Herzen haben.[3]"

Prose amüsiert sich. „Aha. Glauben Sie das?" Otto schaut ihn irritiert an.

Prose lacht. „Egal. Dies ist die Stadt H, gelegen im äthiopischen Hochland. Der Legende nach wurden die Hyänen früher regelmäßig von den Bewohnern gefüttert, damit sie nachts keine Tiere reißen oder schlafende Menschen attackieren. Sie haben gesehen, was sie mit ihrem kräftigen Gebiss anzurichten vermögen. Die Tiere haben in dieser Stadt seit jeher eine Aufgabe und gehören genauso zum Inventar wie seine Bewohner. Nachts, wenn die sieben mächtigen Holztore, die tagsüber Einlass gewähren, verschlossen sind, kriechen die Tiere durch Löcher in der Mauer und verschaffen sich

---

[3] Hans Christian Andersen, Das Märchen meines Lebens, 1847

Zugang zum Jegol, dem Kern der Stadt. Die Löcher in der Mauer wurden eigens zu diesem Zweck hinein geschlagen. Auf der Suche nach essbaren Abfällen durchstreifen die Hyänen unablässig das Labyrinth der verwinkelten Gassen.

Damit reinigen die Aasfresser diese Stadt nicht nur von Abfällen, sondern vor allem auch von dem hiermit einhergehenden Geruch. Auch wenn sie selbst nicht sonderlich appetitlich riechen. Was können wir daraus lernen? Nun, selbst das vermeintlich Schreckliche, was sagten sie - die Monster? - dienen auf ihre Art dem Gemeinwohl. Genauso ist es mit den Monstern in uns. Wir wissen um ihre Gefährlichkeit, geben auf sie Acht und dadurch halten wir unser Dasein in der Waage.

„Hm, Monster habe ich nicht gesagt, ich habe es lediglich gedacht." „Oh. Sind Sie sicher? Wie auch immer, kommen wir zur zweiten Frage. Wir befinden uns in einer Stadt, die jahrhundertelang unabhängig war und sich im Laufe der Zeit zu einem Zentrum streng islamischer Wissenschaft entwickelt hat. Eine heilige Stadt, die eine große Konzentration islamischer Heiligtümer vereint. Einige hundert, teilweise aus dem 10. Jahrhundert stammende

Moscheen, Gräber und Sufischreine verehrter lokaler Heiliger finden sich innerhalb der mächtigen Mauern dieser bedeutenden Stadt. Damit gilt H. als eines der einflussreichsten und wichtigsten spirituellen islamischen Zentren weltweit".

Otto schüttelt den Kopf. „Ich habe mir bei der Fütterung fast in die Hosen gemacht. Das mit dem inneren Monster verstehe ich. Aber jetzt erzählen Sie von einem islamischen Zentrum. Ich weiß nicht einmal, wie ich hierher gelangt bin. Vielleicht sollte ich mich allmählich daran gewöhnen, dass die Dinge einfach geschehen. Das einzig Fassbare auf dieser Reise ist für mich das Unfassbare meiner Erlebnisse. Wissen Sie überhaupt, was geschehen ist, seit ich den Zug verlassen habe?"

Prose scheint interessiert. „Berichten Sie." Otto lehnt sich zurück und sieht prüfend in die tiefe Dunkelheit. Er kann keine Hyänen mehr sehen. „Ich habe eine Landschaft betreten, die an einen gewaltigen Graben erinnert. Fruchtbare Täler und karge Ödnis im steten Wechsel. Das Land ist unter mir...hinweggezogen." Mit jedem Satz wird seine Stimme fester und klarer.

Er erwähnt jedes Detail, die Begegnung mit seiner früheren Lebensgefährtin, sein Verhalten ihr gegenüber und die Folgen seines Handelns. Ungeschönt und sachlich, gleichsam mit einer für ihn vor kurzem noch unvorstellbaren Distanz berichtet er präzise und leidenschaftslos.

Seine Ausführungen ähneln denen eines Richters, der einen Lebenssachverhalt unter eine gesetzliche Norm subsumiert.

Schließlich beendet er seine Schilderung und sieht Prose abwartend an. Prose legt ihm die Hand auf die Schulter. „Die Landschaft, die Sie durchquert haben, wird Rift Valley oder auch Großer afrikanischer Grabenbruch genannt. Die Gegend wird als Wiege der Menschheit bezeichnet. Dies gilt besonders für die von Ihnen erwähnte Schlucht, an deren Eingang Ihnen einen Felsformation aufgefallen ist, die sie an eine Feste oder ein steinernes Fort erinnerte. Die Oldovai-Schlucht, in der Landessprache Oldupai. Das Wispern, welches sie wahrgenommen haben, hat es Ihnen verraten, auch wenn Sie nicht wussten, was genau Sie betreten haben. Die Stätte bedeutender paläonthropologischer Entdeckungen. Fundort etlicher Fossilien früherer Vertreter der Hominini und

Homo-Arten. Ihre Vorfahren. Sie haben die Spiritualität gespürt, haben sie auf der gesamten Reise entlang des Grabenbruchs empfunden und vermutlich auch schon zuvor. Die heißen Quellen, das an die Oberfläche drängende Magma, die Geysire, die fruchtbaren Täler.

Von dort ist der Aufbruch der Menschheit erfolgt. Dies ist auch Ihr zuhause. Es geht nicht um das islamische Zentrum, welches sich hier gebildet hat, es geht um die Spiritualität, welche den Menschen, neben seiner Fähigkeit, eine Hochkultur zu entwickeln, vom Tier unterscheidet. Die Spiritualität, nicht die Religion ist es, die in unterschiedlichen Ausprägungen die entscheidende Nahtstelle darstellt. Die Tür zwischen den Welten. Sie wissen schon, was ich meine."

Otto starrt in die Dunkelheit. Eine tiefe Ruhe hat ihn erfasst. „Sagen Sie mir die Wahrheit, Prose Cutor. Ich bin dazu bestimmt, auf dieser Reise für meine Sünden zu büßen, nicht wahr? Die Frau, die ich mit dem von mir gezeugten Kind sitzen gelassen habe, das hat den Ausschlag gegeben. Verschonen Sie mich nicht. Ich bin ein schlechter Mensch."

Prose schüttelt es vor Lachen. „Seien Sie nicht

albern, Otto!" Jeder Mensch begeht Fehler, kleine und große. Deswegen tritt niemand eine solche Reise an. Sie haben Ihre Verfehlungen erkannt und aufrichtig bereut und würden ein nächstes Mal anders handeln. Sie sind Ihr eigener Richter, ich hingegen nur der Ankläger. Die Erkenntnis ist das entscheidende Kriterium.

Sie müssen lernen, zu vertrauen und nicht alles und jedes kontrollieren wollen. Kontrolle ist eine Illusion, das ist Ihnen klar geworden. Eine Einengung des Blickfeldes ist das einzige, was aus einer solchen Haltung resultiert.

Ichbezogenheit, die zunehmende Unfähigkeit, das Leben zu genießen, leere Rituale, an die wir uns klammern, Zwangsvorstellungen und neurotische Handlungen. Das ist die wahre Verfehlung, die Isolierung des Einzelnen in der Masse, die Reduzierung des Individuums auf mehr oder weniger mechanische Funktionen. Stets nur den Ansprüchen anderer zu genügen, wie ein Computer, ein Roboter oder irgend ein anderes technisch hochwertiges, aber totes Spielzeug. Nein. Sie sind verpflichtet, Ihr Dasein zu genießen, sich daran zu erfreuen, ihren Weg zu finden und diesen gelassen und zufrieden zu gehen. Von der Gemeinschaft nehmen und ihr auch etwas zurück geben. Denken Sie an die Waage."

„Das Pendel!" „Ja, das Pendel. Es schlägt zu einer Seite aus, das ist seine Bestimmung."
„Sie haben gut reden, Prose, Sie wissen nicht, wie das ist. Sie kennen ja nicht einmal das Fernsehen. Diese verrückte Melange heutzutage. Flexibilität, ständige Erreichbarkeit bei abnehmender Präsenz, das sind des Zauberlehrlings neue Besen."

Prose schüttelt entschieden den Kopf. „Nein, Otto. Sie allein entscheiden stets aufs Neue, was zu tun ist. Bei jeder neuen Kreuzung Ihres Lebens treffen Sie die Entscheidung. Lernen Sie sich zu reduzieren. Auf das Wesentliche. Beim nächsten Mal werden Sie einiges anders machen."

„Es gibt kein nächstes Mal, Prose, das ist doch nicht wahr." Prose sieht ihn erstaunt an. „Wie kommen Sie darauf? Es gibt immer ein nächstes Mal. Otto schüttelt traurig den Kopf. „Prose, nein. Ich bin nicht mehr am Leben. Ich bin irgendwann nach der letzten gemeinsamen Mahlzeit mit meiner Frau gestorben. Wollen Sie etwas anderes behaupten?" Prose sieht ihn ernst an.

„Nein, Otto, das will ich nicht. Das kann ich nicht."
Otto schluckt. Ein bitterer Geschmack breitet sich in seinem Mund aus. „Warum bin ich hier?"

„Das weiß ich nicht. Dies ist Ihre Reise. Ich wiederhole mich, aber ich bin lediglich der Ankläger und in Personalunion Ihr persönlicher Reisebegleiter. Ich führe Ihnen bei dieser Gelegenheit einige Dinge vor Augen. Aber wie ich bereits gesagt habe, ich bin weit davon entfernt, Ihr Richter zu sein, falls Sie das glauben sollten. Diese Funktion haben Sie selbst inne. Ich sammle belastendes und entlastendes Material. Die Menschen haben eine völlig falsche Vorstellung von mir.

Sie wissen schon, die Medien, die fehlerhaften Überlieferungen, die Bibel und ihre Auslegungen. Vieles ist überzeichnet. Die Schlussfolgerung trifft der Delinquent selbst, wenn er soweit ist. Das sind Sie. Und Sie machen das sehr ordentlich."

„Was ist mit meiner Frau, mit meinen Eltern? Vermissen Sie mich schon?" Prose lacht herzlich.
„Wie sollten sie. Es sind doch erst wenige Sekunden vergangen. Außerdem erhalten Sie sozusagen ein

Visum für die Weiterreise an einen Ihnen genehmen Ort." Otto ist verwirrt. „Wie kann das sein? Ich befinde mich auf einer Reise, von der ich weder weiß, warum ich Sie angetreten habe, wohin sie mich führt noch wie sie enden wird. Wo soll ich nur hin?"

Prose lacht erneut. Herzlich und laut. Otto fürchtet, dass er den Verstand verloren hat. Das Lachen endet so rasch, wie es begonnen hat und Prose sieht ihn mitfühlend an. „Sie haben doch gehört, was ich gesagt habe. Die Existenz ist eine lange Reise. Wo führt sie uns hin?Niemand weiß das genau."

Otto starrt in die Nacht, in der die Hyänen verschwunden sind. „Prose, ich habe das Gefühl, Sie können immer besser sehen."

„Oh, des Nachts geht es ganz ordentlich. Ich habe eigentlich schon immer gut gesehen, nur nicht mit den Augen."

Otto reibt sich den Arm. „Ich weiß immer noch nicht, was ich von all dem halten soll. Bin ich jetzt tot oder nicht?"

„Die Frage ist, ob es den Tod überhaupt gibt. Er ist

vielleicht nur eine Erfindung der Menschen. Der Versuch, sich und den anderen zu erklären, wohin jemand gegangen ist, von dem nur der Körper zurück bleibt." „Der Tod als Erfindung des Menschen. Das habe ich schon einmal gehört."

„Richtig Otto. Und zwar von jemandem, der es wissen muss."

„Prose. Ich möchte Ihnen danken. Für Ihre Begleitung und alles andere."

„Bitte sehr!"

„Für welche Behörde arbeiten Sie eigentlich genau?"

„Hm, das ist recht kompliziert. Es handelt sich um ein internationales Konsortium, einen Global-Player, wie Sie sagen würden. Wir sind sehr gut vernetzt. Soviel kann ich verraten."

Otto versteht, dass Prose nicht willens ist, mehr über sich und seine Arbeit preiszugeben. Vielleicht kennt auch er nur einzelne Steine und nicht das gesamte Mosaik.

„Können Sie mir wenigstens sagen, in welcher Zeit wir uns befinden. Das hier scheint nicht meine Zeit zu sein, zumindest nicht vollständig. Ich meine, teilweise ist sie es und dann wiederum auch nicht."

„Ich würde sagen, wir leben in der Gegenwart, im Hier und Jetzt, Otto. Ich selbst empfinde es so: Ich lebe im Strom der Zeit und lasse mich von ihm tragen."

Die Bahnstation Dire Dawa. Der Wind treibt abgestorbene, entwurzelte Sträucher über die matt glänzenden Gleise. Fensterläden klappern im Takt der Windstöße.

Das Mauerwerk hat erheblich gelitten, seit Prose Cutor das letzte Mal hier war. Dabei kommt es ihm vor, als sei es gestern gewesen.

Otto und Prose sitzen nebeneinander auf einer mangelhaft gefertigten, schiefen Bank. Der Zug fährt ein, kommt leise zischend zum Halten. Seine silbrige Haut reflektiert die im Zenit stehende Sonne. Eine Tür öffnet sich und der Zugbegleiter tritt auf den Bahnsteig.

Otto und Prose steigen ein. Sie entscheiden sich für ihre alten, unbesetzt gebliebenen Plätze. Otto bestellt ein Mineralwasser. Die Türen schließen und der Zug setzt sich leise ruckelnd in Bewegung.

„Werde ich jemals das endgültige Ziel dieser Reise erreichen, Prose?"

„Das werden Sie, Otto. Jeder gelangt dorthin. Irgendwann.“

Die letzten Wagen des Zuges passieren gemütlich polternd die verlassene Station Dire Dawa. Auf der windschiefen Bank vor dem Gebäude sitzen zwei Männer, die Prose und Otto zum Verwechseln ähneln. Da Otto aus dem gegenüberliegenden Fenster sieht, bemerkt er die Männer nicht.

Über das Gesicht von Prose Cutor zieht ein feines Lächeln.

Der Zug nimmt Fahrt auf.

*Und dem Tod soll kein Reich
mehr bleiben.*

Die nackten Toten die sollen eins

Mit dem Mann im Wind und

im Westmond sein;

*Blankbeinig und bar des blanken
Gebeins*

*ruht ihr Arm und ihr Fuß auf
Sternenlicht.*

Wenn sie irr werden

solln sie die Wahrheit sehn,

Wenn sie sinken ins Meer

solln sie auferstehen.

Wenn die Liebenden fallen-

die Liebe fällt nicht;

*Und dem Tod soll kein Reich
mehr bleiben.*[4]

---

[4] Aus: Und dem Tod soll kein Reich mehr bleiben, Dylan Thomas
(1915-1953)

Anmerkung des Autors

Satan, auch Satanas ist ein Begriff, der einen oder mehrere Engel bezeichnet. Er hat seine Ursprünge im jüdischen Monotheismus.

Hiernach ist Satan vor allem der Ankläger im göttlichen Gerichtshof, der die religiöse Integrität von Menschen testet und Sünden anklagt. So wird Satan im Buch Ijob als Staatsanwalt und Hauptankläger gegen die Menschheit im Himmel an Gottes Gerichtshof beschrieben.

Von dieser Auslegung habe ich mich im vorliegenden Werk u.a. bei Schaffung der Figur des Prose Cutor leiten lassen. Bei diesem Namen handelt es sich übrigens um ein Wortspiel, da Prosecutor im Englischen Staatsanwalt heißt.

Neustadt/Holstein, im November 2017